Fit für die 1. Klasse

Hallo, wir lösen gerne knifflige Aufgaben. Hilfst du uns, jeweils am Ende eines Kapitels den Code zu knacken?

Karlo   Konfetti   Lara

Ravensburger Buchverlag

Zu diesem Heft

- Im Heft findest du Regeln und Tipps,
  die dir beim Lösen der Aufgaben helfen.

- Aufgepasst:
  Die Aufgaben mit einer
  sind etwas schwieriger.

- Lege die auf die roten
  Lösungsfelder, dann werden
  die richtigen Ergebnisse sichtbar.

- Mache regelmäßig Lernpausen:
  Öffne das Fenster und bewege
  dich in dieser Zeit. Danach kannst
  du dich besser konzentrieren.

Ich springe dreimal die Treppe rauf und runter und trinke etwas.

So kannst du auch sagen.

Deutsch:	
Namenwort	– Hauptwort, Nomen, Substantiv
Tunwort	– Zeitwort, Verb
Wiewort	– Eigenschaftswort, Adjektiv
Begleiter	– Artikel
Selbstlaut	– Vokal
Mitlaut	– Konsonant

Mathematik:	
⊕ zusammenzählen	– addieren
⊖ abziehen	– subtrahieren

ABC-Übungsspaß

Auf Seite 31 findest du Buchstabenkärtchen zum Ausschneiden. Am besten bewahrst du sie in einem Briefumschlag auf.

Das ABC-Haus

Immer wenn du eine Seite bearbeitet hast,
darfst du die Buchstaben im Haus nachfahren.

Damit du die großen und kleinen Buchstaben unterscheiden lernst, fahre die Großbuchstaben rot und die Kleinbuchstaben blau nach.

Benutze das ABC-Haus immer wieder zur Kontrolle.

1 a) Male alle Felder mit A/a braun an.

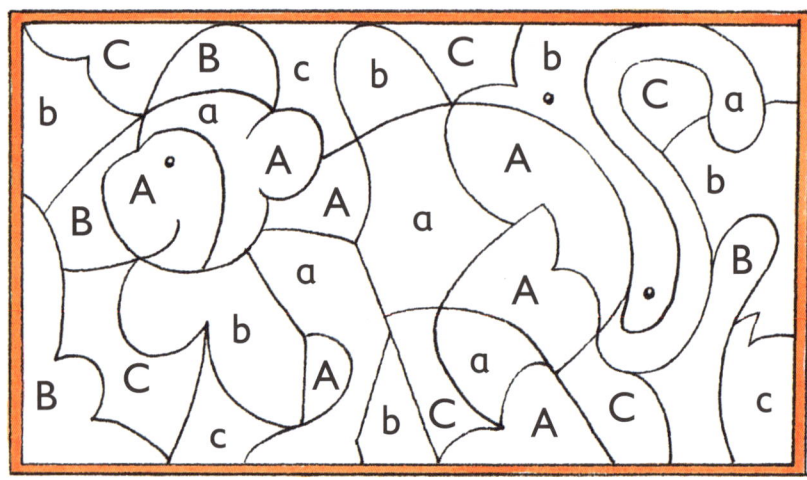

b) Wo hörst du ein B
am Anfang?

2 Sortiere jeden Ball in die passende Kiste.
Welche Bälle bleiben übrig?

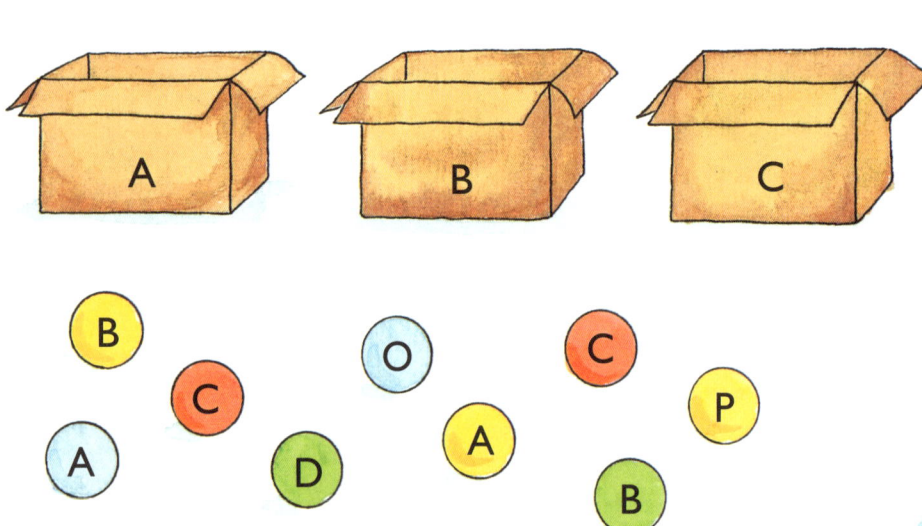

3 Welcher Weg führt den Bären zum Honigtopf?

Male alle Felder mit B aus.

C	B	B	B	A	A	C	A	C
A	B	A	B	A	C	A	C	C
B	B	C	B	C	A	C	B	B
C	A	C	B	A	A	B	B	A
A	C	A	B	B	B	B	C	A

4 Immer zwei Fähnchen gehören zusammen.
Male sie in der gleichen Farbe an.

b   c   A   B   a   C

5 Wo hörst du A, B oder C?
Fahre den richtigen Buchstaben rot nach
und male das richtige Punktebild dazu.

A ⚀ , B ⚁ , C ⚂

ABC wie 🍍 ⚀   ABC wie 🍌 ☐

ABC wie 🥤 ☐   ABC wie 🍑 ☐

ABC wie 🏐 ☐   ABC wie 💻 ☐

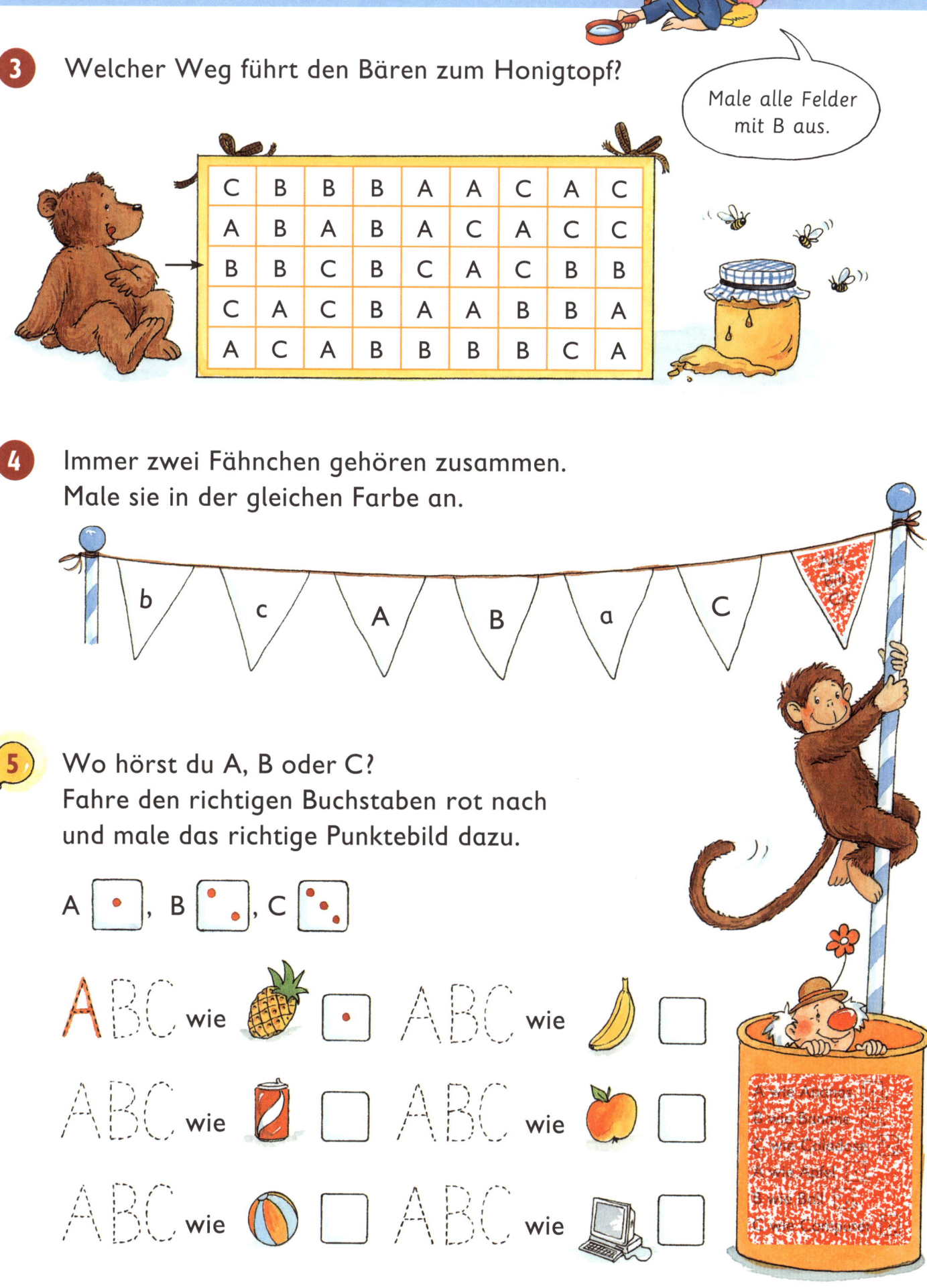

D/d, E/e, F/f

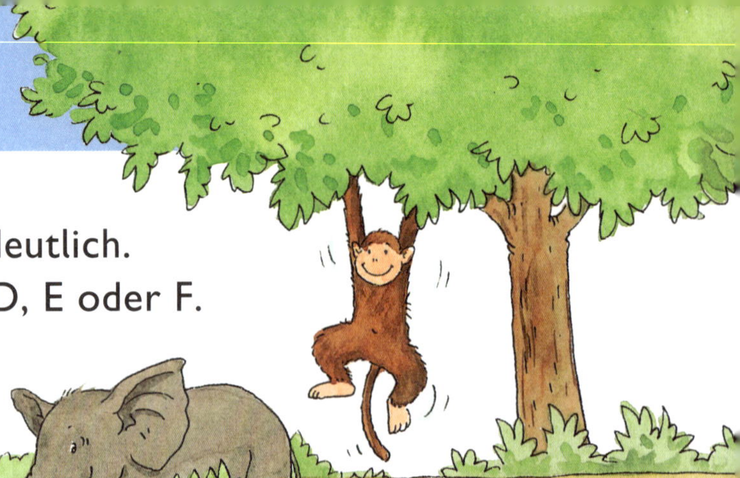

1 Sprich die Namen dieser Tiere deutlich.
Zwei davon beginnen nicht mit D, E oder F.
Welche? Streiche sie durch.

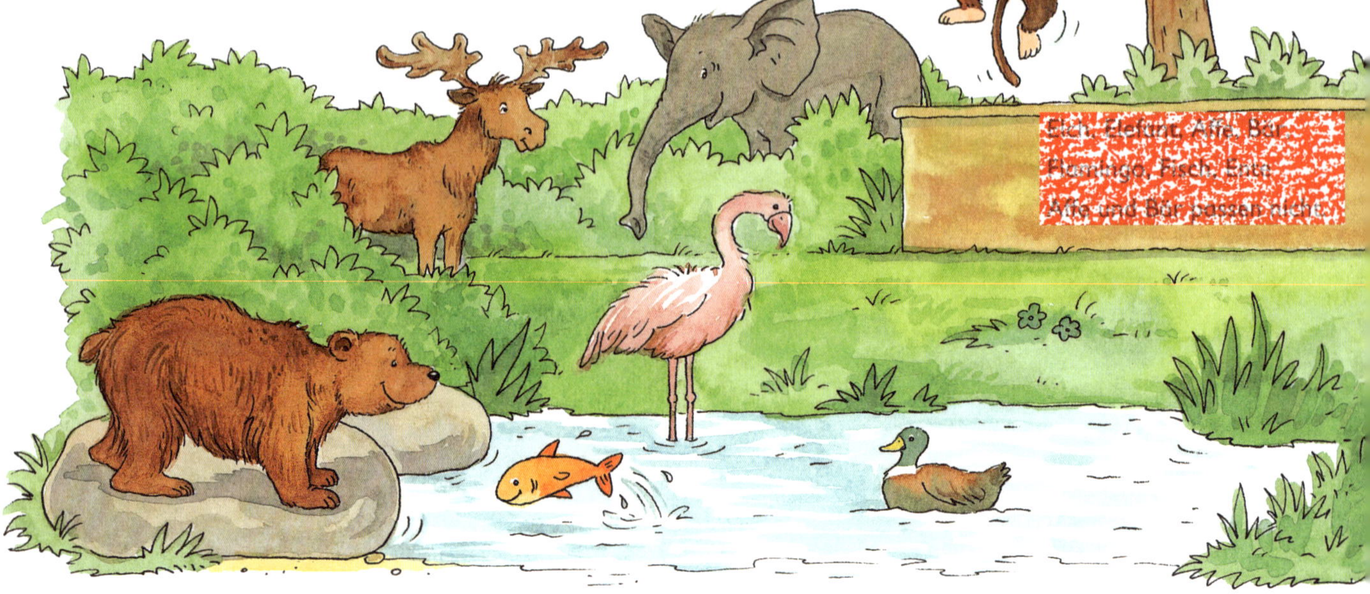

2 In welchem Aquarium kommt der Buchstabe F
am häufigsten vor? Verbinde es mit dem Glas.

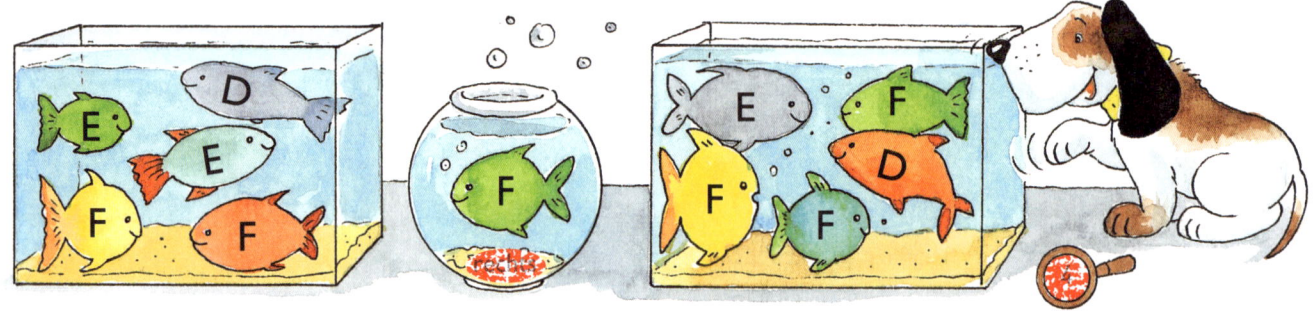

3 Wo hörst du E, D oder F? Kreuze an.

E/e D/d F/f

☒☐☒ ☐☐☐ ☐☐☐ ☐☐☐ ☐☐☐ ☐☐☐

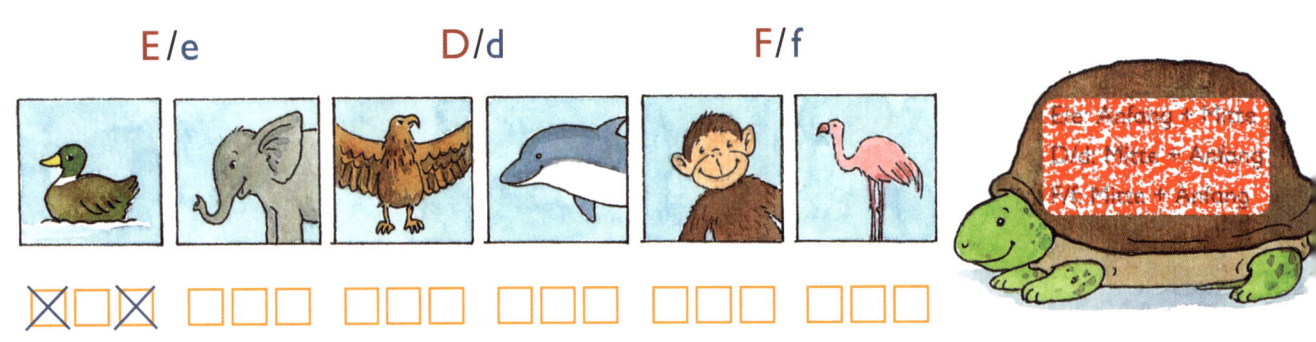

4 Welche Buchstaben gehören zusammen?
Verbinde.

e   d

A

D

a

E

Regel Zu jedem großen Buchstaben
gehört ein kleiner Buchstabe.

5 Schreibe selbst weiter.

D D

E E

F F

d d

e e

f f

6 Findest du zu den Buchstaben D, E und F je einen
Ländernamen? Schreibe ihn auf die Linien.

9

G/g, H/h, I/i

1 Wie viele Dinge auf dem Bild fangen mit dem Buchstaben H an?
Sprich laut und kreise die Dinge ein.

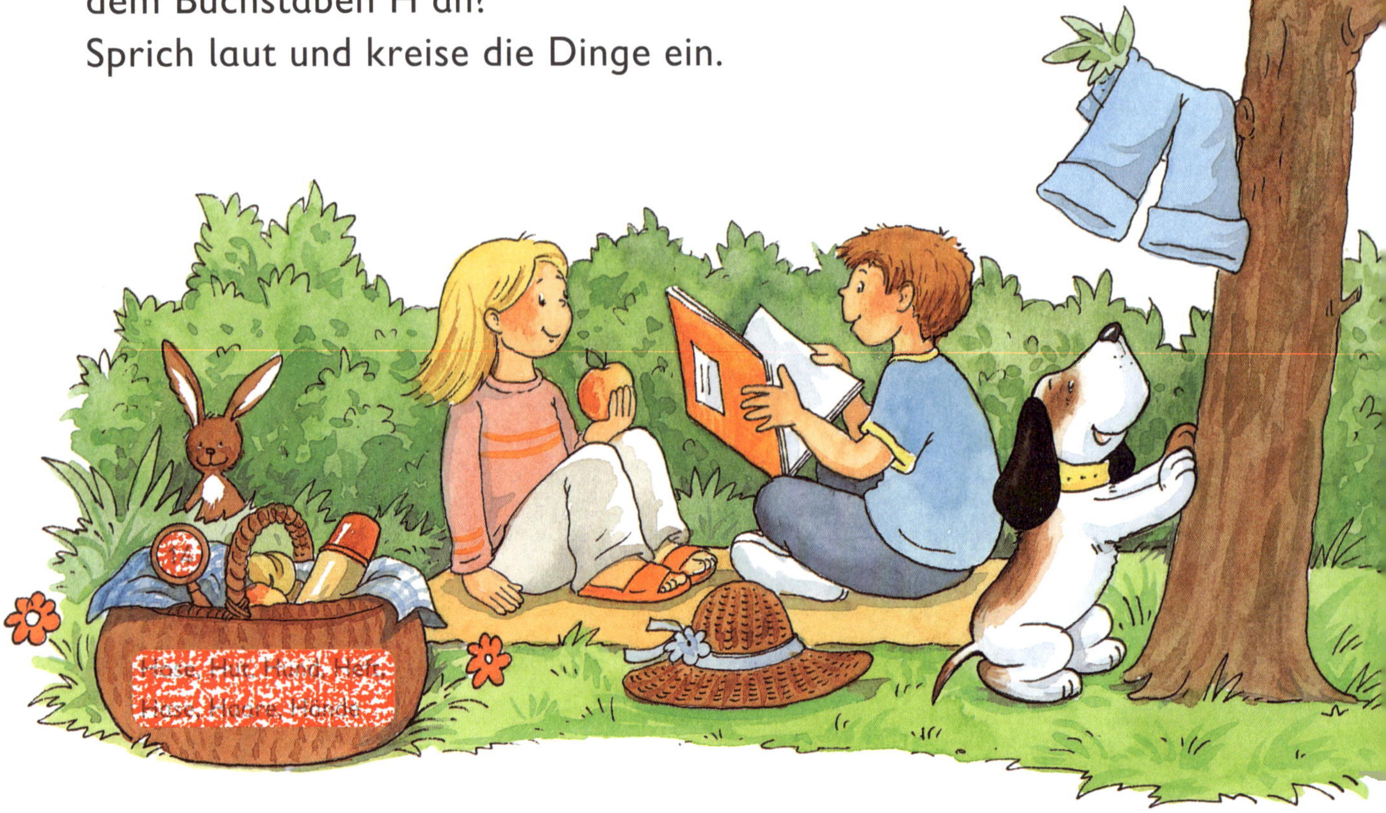

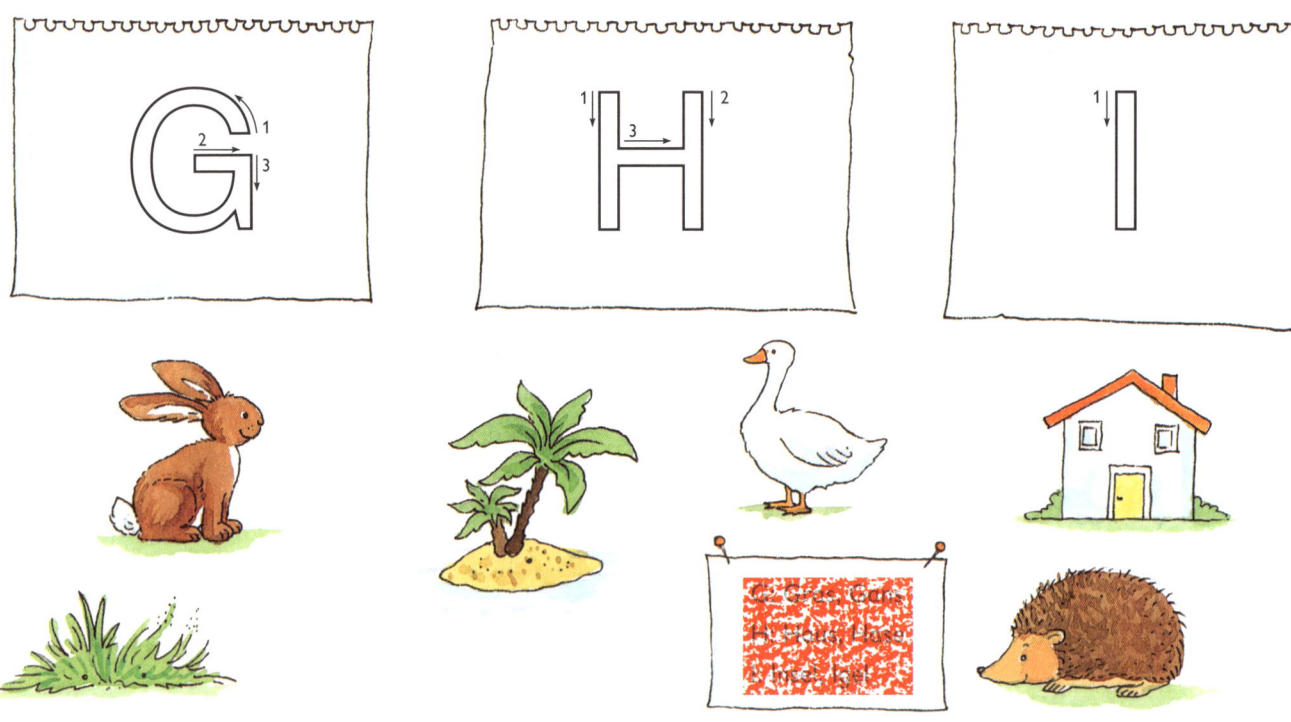

2 Verbinde die Bilder mit ihrem Anfangsbuchstaben.
Fahre die Buchstaben mit deiner Lieblingsfarbe nach.

3 Welcher Buchstabe kommt auf jeder Blüte vor?

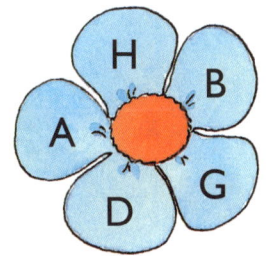

Tipp Du kannst mit Kressesamen Buchstaben säen, zum Beispiel H oder I.

4 Wer versteckt sich hier? Male die Felder so an:

H/h:    I/i:    G/g:

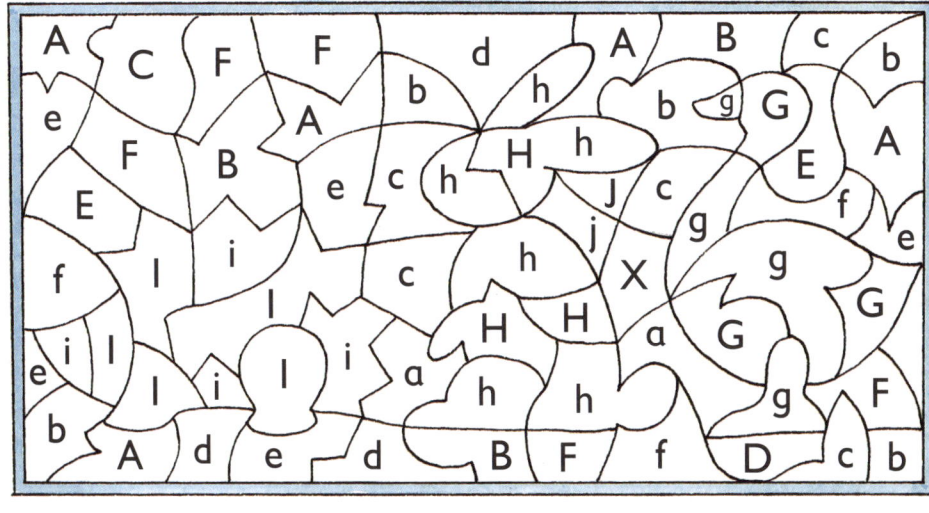

5 Wie lautet der Anfangsbuchstabe: G, H oder I?

 ___ ase 🔲    ___ aus 🔲    ___ ras 🔲

 ___ ans 🔲    ___ gel 🔲    ___ und 🔲

1 Lies die Geschichte auf dem Zettel laut.
Wie heißen die Wörter für die Bilder?

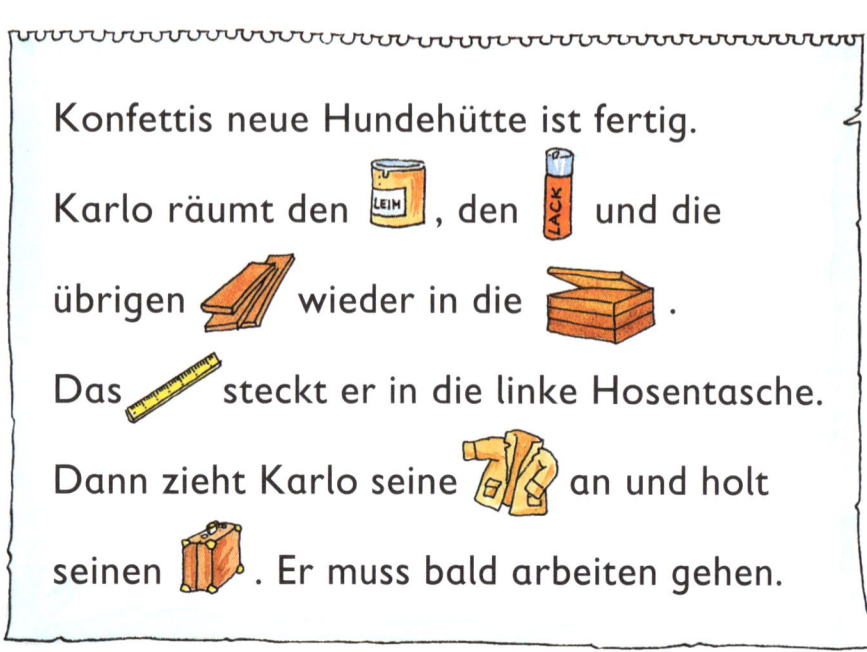

Konfettis neue Hundehütte ist fertig.

Karlo räumt den [LEIM], den [LACK] und die

übrigen wieder in die .

Das steckt er in die linke Hosentasche.

Dann zieht Karlo seine an und holt

seinen . Er muss bald arbeiten gehen.

2 Auf den Holzbrettern haben sich falsche
Buchstaben versteckt. Streiche sie durch.

J/j D j J J J l j i j J j C J J c

K/k H K k K h k N K h K k

L/l L l L l L l L F L i E I L

Welche Wörter mit L
fallen dir ein?

3 Umkreise alle Lebensmittel mit K am Anfang.

Mm – lecker!

4 Schreibe weiter.

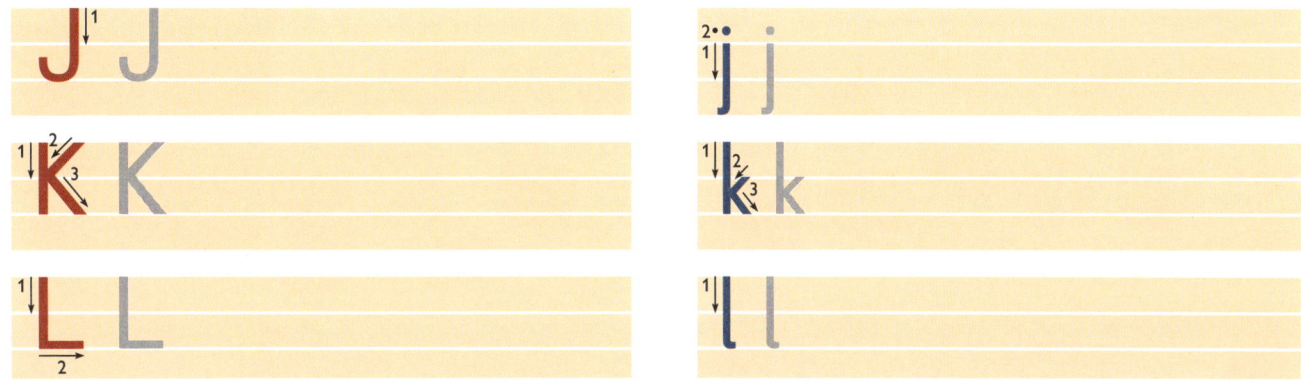

 **5** Karlo nagelt aus alten Brettern verschiedene Buchstaben zusammen. Welche Teile fehlen noch? Umkreise das richtige Stück.

1 Fülle die Körbe mit den Buchstaben M/m, N/n und O/o.

2 Kreise alle M, N und O ein.

3 Welche Schürze gehört Mona?

4 Male alle M/m und O/o aus.
Dann siehst du den Anfangsbuchstaben
des Wortes. Umkreise das passende Bild.

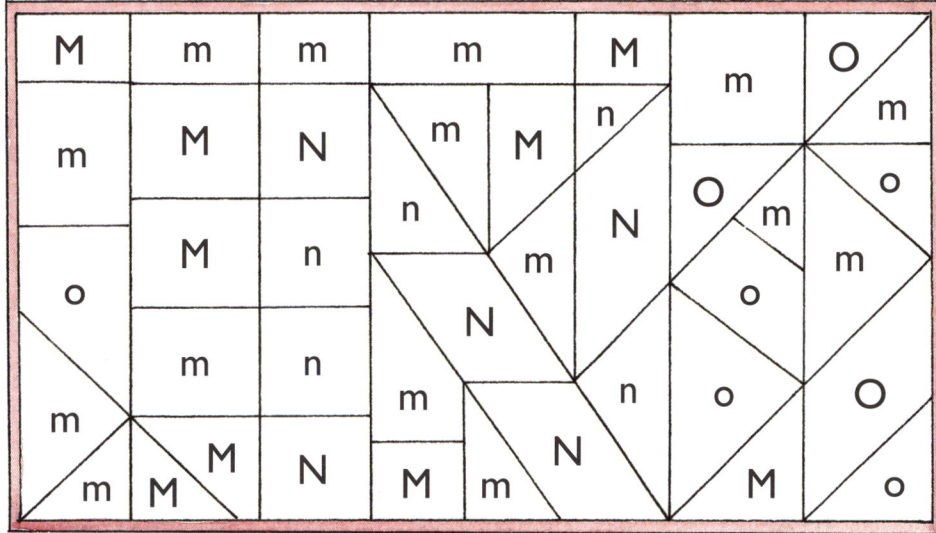

5 Sprich die Namen der Dinge laut. Wo hörst du M,
N oder O? Umkreise den/die richtigen Buchstaben.

M O N ▨▨ N O M ▨▨ M O N ▨▨

N O M ▨▨ M O N ▨▨

M N
O

6 Kennst du schon die einzelnen Monate?
Welche der Monatsnamen haben ein M/m im Wort?
Denke gut nach und schreibe die Wörter auf die Linien.

_____

_____

1 Schreibe weiter.

P P p p

Qu Qu qu qu

R R r r

2 Bei welchen Gegenständen im Bild hörst du P?
Sprich die Anfangsbuchstaben der Wörter deutlich.
Schreibe die Wörter auf das Piratenschiff.

3 Male die Felder P/p, Qu/qu und R/r jeweils mit einer anderen Farbe aus. Welche Dinge siehst du dann?

Tipp Willst du etwas in Geheimschrift schreiben? Dann schreibe Buchstaben mit Zitronensaft auf ein Blatt Papier. Die Buchstaben kann man nur lesen, wenn man das Blatt gegen das Licht hält.

4 Verbinde jeden großen Buchstaben mit dem passenden kleinen Buchstaben.

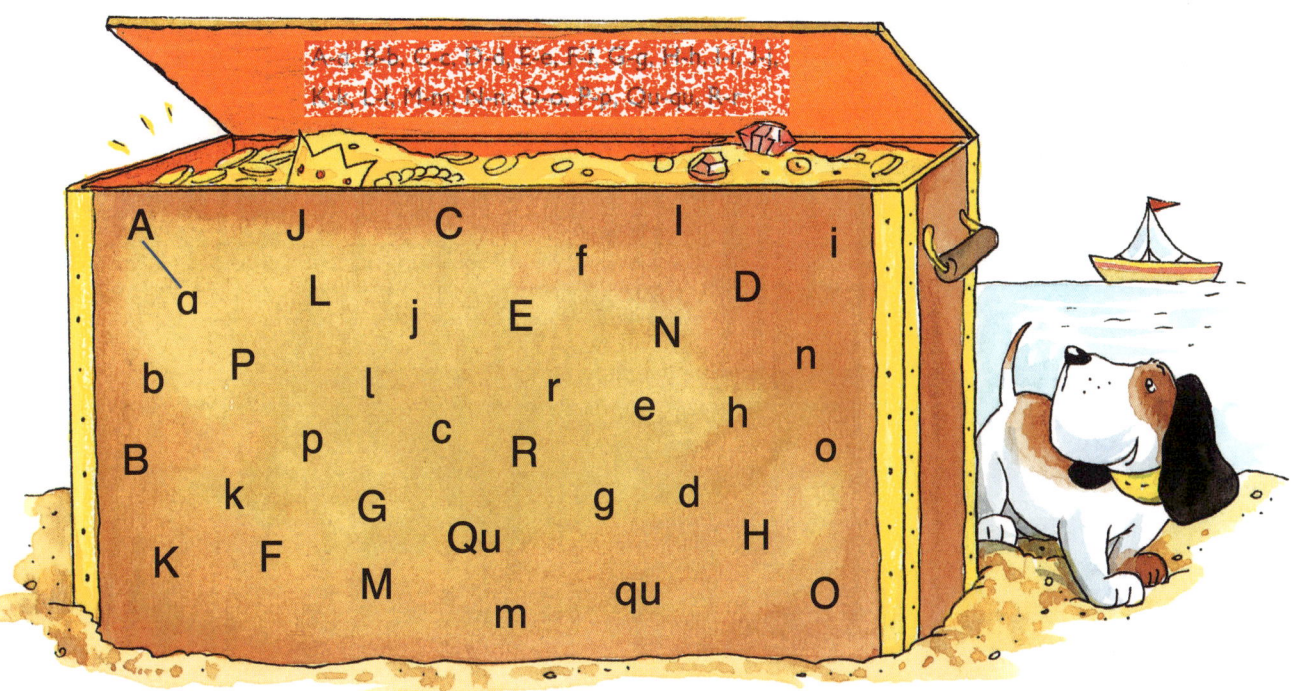

1 Welche Dinge am Strand fangen mit S an?
Sprich die Wörter laut und kreise sie ein.

2 Fahre die Buchstaben mit dem Finger mehrmals nach.

Tipp Du kannst Sand in eine flache Schüssel füllen
und mit dem Finger Buchstaben schreiben.

3 Welche Dinge auf der Matte haben ein T/t im Wort?

4 Sprich die Wörter deutlich. Hörst du S, T oder U?
Kreuze den richtigen Buchstaben an und trage ihn ein.

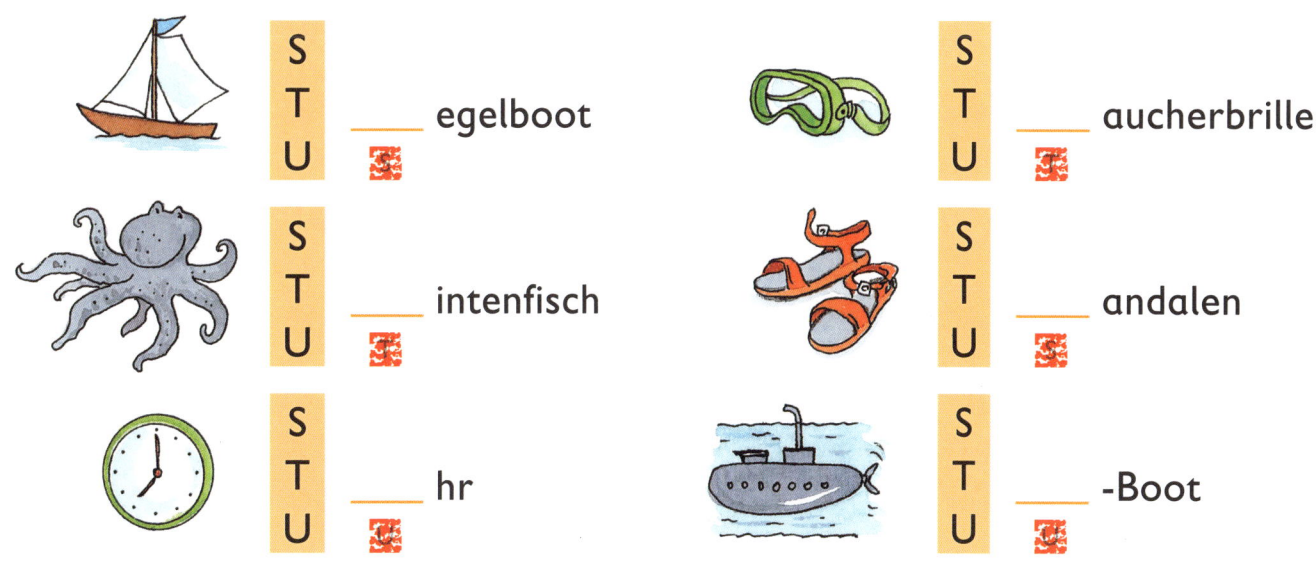

S
T
U
___ egelboot

S
T
U
___ aucherbrille

S
T
U
___ intenfisch

S
T
U
___ andalen

S
T
U
___ hr

S
T
U
___ -Boot

Tipp Du kannst mit dem Zeigefinger
Buchstaben auf den Rücken einer Freundin
oder eines Freundes schreiben.
Errät er oder sie den Buchstaben?

5 Verbinde den großen mit dem kleinen Buchstaben.
Schau zur Kontrolle im ABC-Haus nach.

I
D   d
Qu   L   E   U   m
        n
K   i   g   e   l   J
        N   O   S   s
k   qu   u   M
p   m   G   t   H
M   F   o   f   h   T   j
P

1 Sprich die Wörter laut. Achte dabei auf
den Anfangsbuchstaben. Was fällt dir auf?

Veilchen

Vase

Vogelbeere

Videokassette

Vogel

Tipp Manchmal sprichst du V wie

und manchmal V wie  .

2 Welche Dinge gehören nicht in den Wald?
Kreise sie ein.

20

3 Fahre diese Tierspuren im Bild nach.

Jetzt siehst du den Anfangsbuchstaben des Tieres,
zu dem die Spur gehört. Umkreise es.

Vogel

Wildschwein

Maus

Hase

4 Fahre die gestrichelten Linien nach.

Nun kannst du
W schreiben.

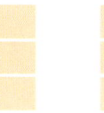

21

X/x, Y/y, Z/z

1 Male das Bild richtig an. Was siehst du?

In dem Wort kommt ein y vor.

X:

Y:

Z:

2 Kannst du die geheime Botschaft lesen?
Tipp: Streiche alle X im Text durch.

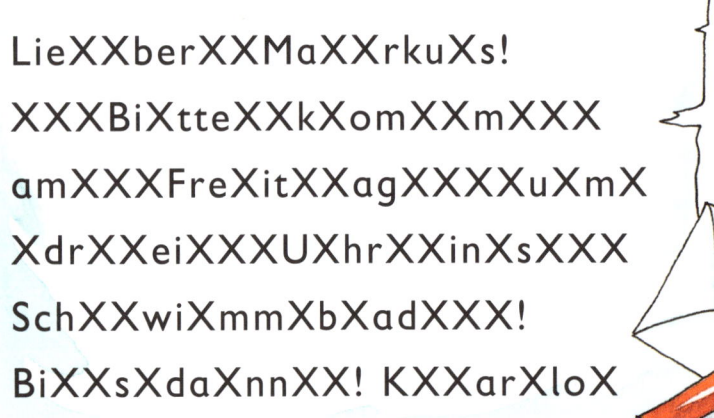

LieXXberXXMaXXrkuXs!
XXXBiXtteXXkXomXXmXXX
amXXXFreXitXXagXXXXuXmX
XdrXXeiXXXUXhrXXinXsXXX
SchXXwiXmmXbXadXXX!
BiXXsXdaXnnXX! KXXarXloX

Tipp Forme aus Salzteig die Buchstaben X, Y und Z.
Lass die Formen im Backofen hart werden.
Wenn du möchtest, kannst du sie bunt anmalen.

3 Sprich die Namen der Dinge deutlich. Wo hörst du
Z oder X am Anfang? Kreise in verschiedenen Farben ein.

4 Fahre die Buchstaben nach und schreibe sie dann
unten auf die Linien.

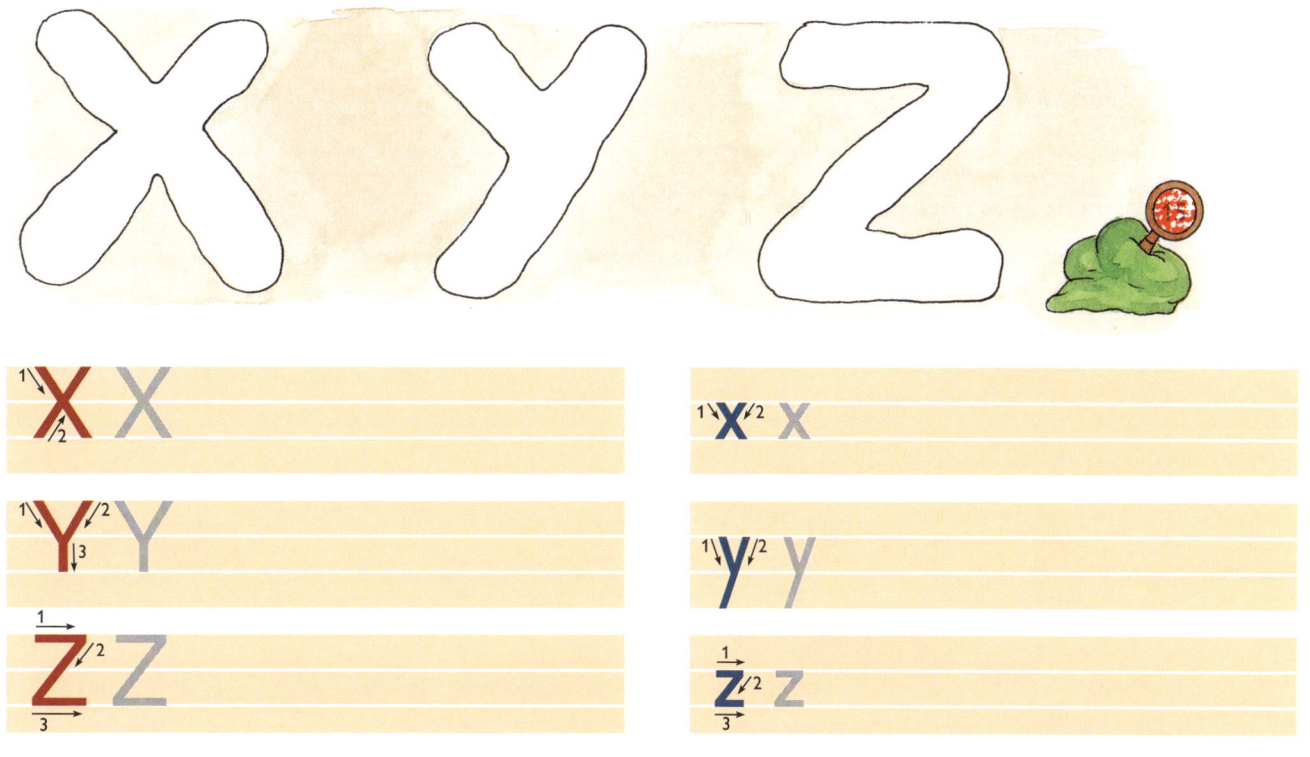

X X

X X

Y Y

Y Y

Z Z

Z Z

5 Nimm ein Lexikon zur Hand. Suche darin je zwei
Wörter mit den Anfangsbuchstaben X, Y oder Z.

Alphabet

1 Verbinde zuerst die Großbuchstaben,
dann die Kleinbuchstaben der Reihe nach.
Schau zur Kontrolle im ABC-Haus nach.

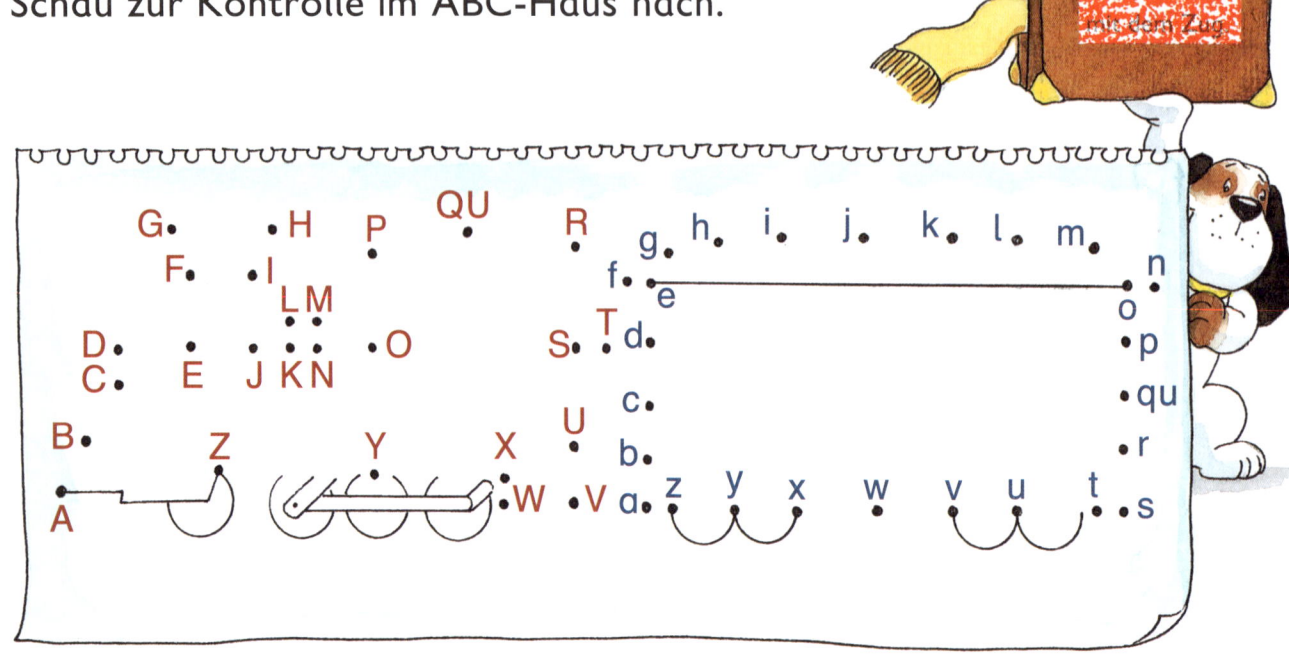

2 Schreibe neben jedes Bild den Anfangsbuchstaben.
Trage ihn der Reihe nach unten ein. Was liest du?

3 Welche Großbuchstaben fehlen hier?
Trage sie ein und schau zur Kontrolle
im ABC-Haus nach.

4 Einige Buchstabenkekse sind zerbrochen.
Ergänze und fahre die Buchstaben
in verschiedenen Farben nach.

5 Fahre die Buchstaben nach.
Schreibe den großen Buchstaben daneben.

a A   b   c   d   e   f

g   h   i   j   k   l   m

n   o   p   qu   r   s

t   u   v   w   x   y   z

Buchstabenspiele

Für die Spiele auf dieser Seite brauchst du
die Buchstabenkärtchen von Seite 31.
Auf der rechten Seite findest du weitere Tipps
zum Üben.

Mal-Spiel (für zwei oder mehrere Spieler)

Alle Kärtchen werden in einen Beutel gelegt.
Ziehe ein Kärtchen heraus und male einen
Gegenstand mit dem Anfangsbuchstaben.
Die Mitspieler versuchen während des Malens
zu erraten, was es ist.

Such-Spiel (für zwei oder mehrere Spieler)

Lege alle roten Kärtchen mit der Bildseite
nach oben. Ein Mitspieler nennt einen Buchstaben
und die anderen suchen schnell ein Kärtchen,
dessen Bild dazu passt.

ABC-Spiel (für zwei Spieler)

Ein Spieler nimmt die blauen Kärtchen,
der andere die roten. Jeder mischt seine
Kärtchen und legt sie mit der Buchstabenseite nach oben vor sich hin. Wer schafft es
am schnellsten, das ABC zu legen?
Tipp: Schwieriger wird es, wenn man die
Kärtchen mit der Bildseite nach oben legt.

Stopp-Spiel (für zwei oder mehrere Spieler)

Alle Kärtchen werden mit der Buchstabenseite
nach oben gelegt. Fahre mit dem Finger die Reihen
ab, ein Mitspieler ruft „Stopp!": Nenne schnell
einen Gegenstand zu diesem Buchstaben.

Fühl-Buchstaben

Du kannst Buchstaben auch fühlen. Schreibe auf einem Blatt einen Großbuchstaben vor und klebe verschiedene Materialien darauf. Du kannst Watte, zurechtgeschnittenes Schmirgelpapier, Alufolie, Stoffreste usw. verwenden. So bekommst du einen glatten, weichen oder rauen Buchstaben. Hast du noch eine Idee, womit du deinen Fühlbuchstaben bekleben kannst?

Buchstaben-Buch

In diesem Buch bekommt jeder Buchstabe seine eigene Seite. Schreibe alle Großbuchstaben auf die untere Hälfte eines Blattes und male ein passendes Bild darüber. Wenn du magst, kannst du ein Deckblatt dazu machen. Die Blätter werden am linken Seitenrand gelocht und in einen Ordner gelegt. Fertig ist dein eigenes Buchstaben-Buch.

Knetbuchstaben

Forme verschiedene Buchstaben aus Knete, die sich im Backofen härten lässt. Lass dir dabei von einem Erwachsenen helfen. Diese Buchstaben gibst du in einen Beutel. Greif hinein und versuche die Buchstaben durch Tasten zu erkennen.

Buchstaben-Seil

Du kannst mit einem Seil Groß- und Kleinbuchstaben auf den Boden legen. Versuche auf dem Seil zu balancieren, ohne danebenzutreten. Wie viele Buchstaben schaffst du?

Wiederholung

1 Ergänze die passenden Klein- oder Großbuchstaben.

d   L   F   t   Z

Tipp Wenn du etwas nicht mehr weißt, schau noch einmal vorne nach.

2 Wo stehen die Buchstaben im Wort? Am Anfang, in der Mitte oder am Schluss? Kreuze an.

A/a   P/p   O/o

Kannst du die Wörter auch schon schreiben?

M/m   R/r   S/s

3 Kreise in jeder Reihe den vorgegebenen
Buchstaben ein. Wie oft hast du ihn gefunden?

B	P	B	D	B	O	D	P	B	P	B	D
M	M	N	W	M	V	M	W	N	M	A	M
E	L	E	F	I	E	F	L	E	B	E	F
G	B	G	D	O	B	G	O	G	D	G	G

4 Schreibe zu jedem Bild den Anfangsbuchstaben
in das Kästchen.

a) H ☐ ☐ ☐   b) ☐ ☐ ☐ ☐

5 Verbinde die Buchstaben mit den richtigen Bildern.

29

Knack den Code

Auf jeder Doppelseite (Seite 4–29) findest du eine kleine braune Lupe. Darin steht jeweils eine Zahl.

- Schreibe die Zahlen nacheinander auf die Linien.
- Ersetze sie dann durch die Buchstaben, die auf dem Zettel versteckt sind: zum Beispiel 4 durch den Buchstaben A.
- Trage jeweils den passenden Buchstaben unter der Zahl ein. Wie heißt der Lösungssatz?

C O D E

3 =	14 =
11 =	7 =
16 =	13 =
15 =	9 =
20 =	5 =
4 =	2 =

,

7 _____ 9

!

Auftrag erledigt!

Code geknackt:

Datum

Mein Name

Fingerabdruck   Unterschrift

A	B	C	D	E	F
G	H	I	J	K	L
M	N	O	P	Qu	R
S	T	U	V	W	X
Y	Z			a	b
c	d	e	f	g	h
i	j	k	l	m	n
o	p	qu	r	s	t
u	v	w	x	y	z

Lesen lernen

KerzeKerzeKerzeKarteKerzeKerzeKerze

TorteTorteTorteTorteToreTorteTorteTorte

FestFestFrostFestFestFestFestFestFest

1 Lies die Wörter Silbe für Silbe.
Male unter jede Silbe einen Bogen.

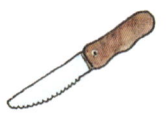 Messer

 Löffel

 Tasse

 Teller

 Schüssel

 Glas

Welches Wort hat nur eine Silbe? Unterstreiche es.

Tipp Du kannst Wörter besser lesen, wenn du Silbe für Silbe liest und dazu klatschst.
Beispiel: Blumenvase

2 Was fehlt bei den Bildern? Lies die Wörter und male Bögen darunter. Zeichne dann die Bilder fertig.

Butter

Blumen

Äpfel

Brötchen

Kerzen

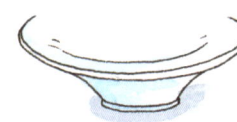

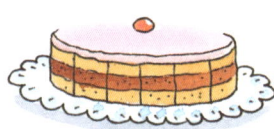

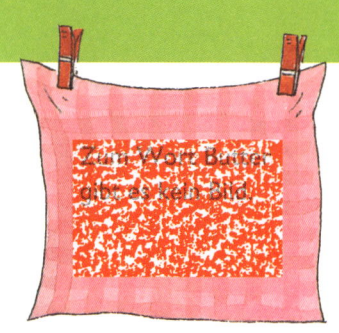

3 Lies die Wörter und verbinde sie mit dem richtigen Bild. Zu welchem Wort gibt es kein Bild?

Brot

Marmelade

Zucker

Butter

Gabel

Tasse

4 Immer zwei Silben ergeben zusammen ein Wort. Schreibe die Wörter auf die Linien.

Ga · se · Mes · ne

Kan · bel · ser · Kä

Gabel

_____

5 Lies die Wörter Silbe für Silbe. Klopfe bei jeder Silbe auf den Tisch. Trenne die Silben mit einem senkrechten Strich, zum Beispiel Mes|ser.

Marmelade   Tischtuch

Frühstück   Suppenlöffel

Wörter lesen

1   Lies die Wörter und umkreise das richtige Bild.

Buch   Radio   Auto

Tipp Lies Buchstabe für Buchstabe oder Silbe für Silbe. Du liest leichter, wenn du mit einem Finger unterhalb des Wortes entlangfährst.

2   Lies die Wörter und umkreise sie.

RENNAUTOSPRINGSEILSTOFFTIER

BILDERBUCHFLUGZEUGMURMELN

3   In jeder Luftschlange passt ein Wort nicht dazu. Umkreise es.

KerzeKerzeKerzeKarteKerzeKerzeKerze

TorteTorteTorteTorteToreTorteTorteTorte

FestFestFrostFestFestFestFestFestFest

4 Welche Wörter passen zu einer Geburtstagsfeier?

5 Welche Wörter findest du hier?

| Fei | erSon | neSpie | leRo | seKer | ze |

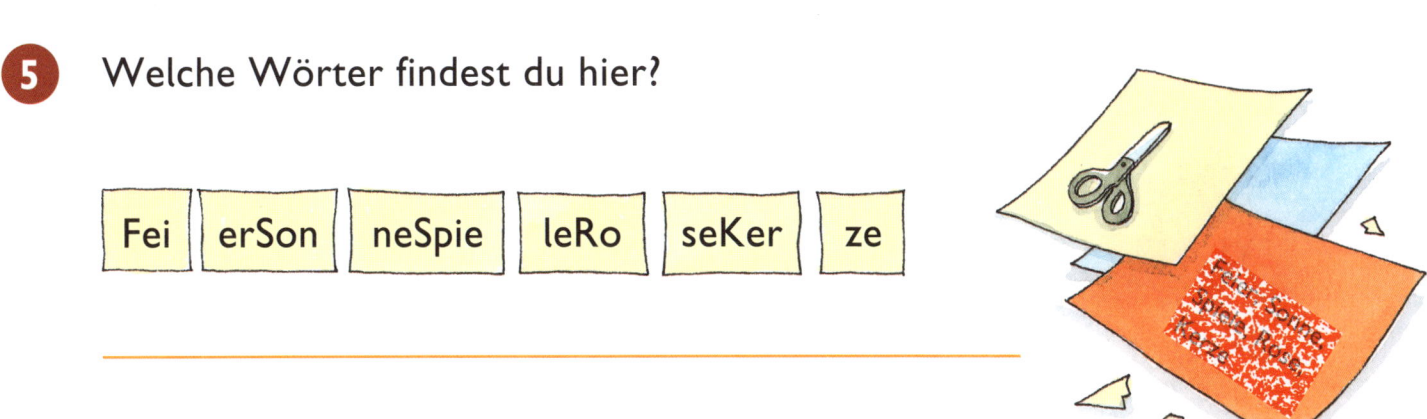

_____

_____

6 Verwandle die Wörter:

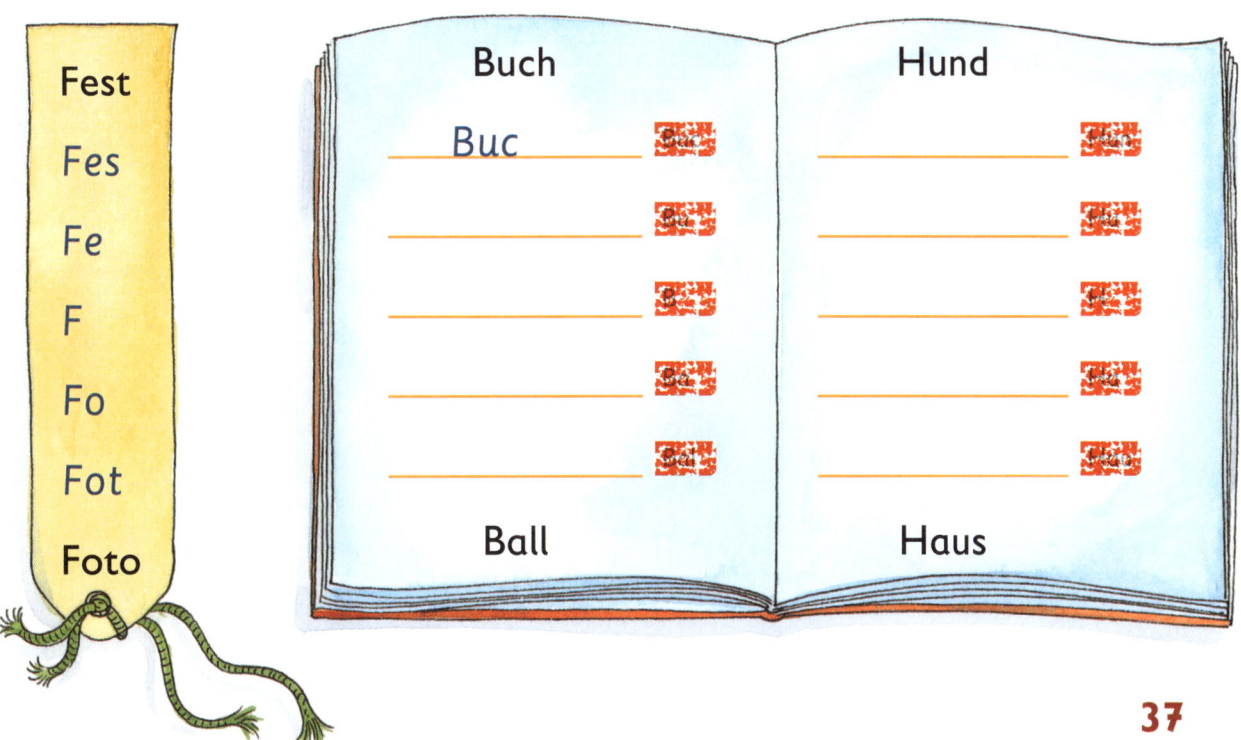

Fest
Fes
Fe
F
Fo
Fot
Foto

Buch
Buc _____

Hund
_____

Ball

Haus

1 Wo ist die Farbe im Kasten? Verbinde.

a) hellblau

b) sonnengelb

c) dunkelgrün

d) dunkelrot

e) hellbraun

f) rabenschwarz

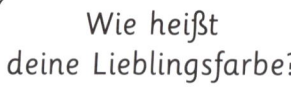
Wie heißt deine Lieblingsfarbe?

Tipp Wenn du ein langes Wort lesen möchtest, hilft dir ein Lineal. Decke einen Teil des Wortes ab und verschiebe das Lineal während des Lesens langsam nach rechts.

2 Welches Wort gibt keinen Sinn? Streiche es durch.

Malerhut

Farbeimer

Wandfarbe

Farbpinsel

Wandeimer

Malerkittel

3 Findest du die sechs Wörter? Umkreise sie.

PINSELMALERROTGELBEIMERFARBE

4 Suche im Kreuzworträtsel sechs lange Wörter.

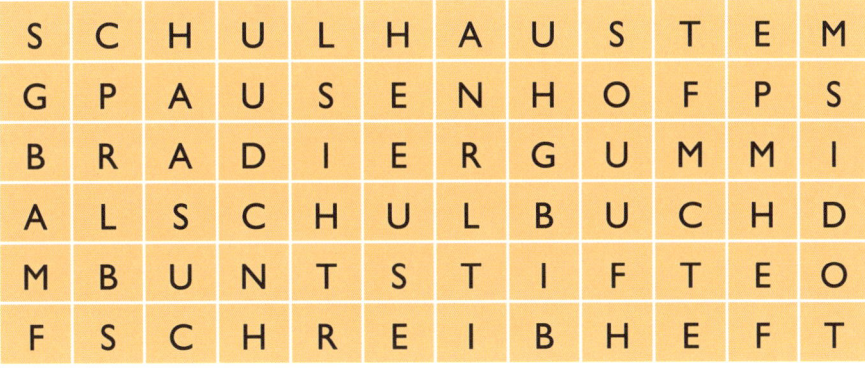

S	C	H	U	L	H	A	U	S	T	E	M
G	P	A	U	S	E	N	H	O	F	P	S
B	R	A	D	I	E	R	G	U	M	M	I
A	L	S	C	H	U	L	B	U	C	H	D
M	B	U	N	T	S	T	I	F	T	E	O
F	S	C	H	R	E	I	B	H	E	F	T

5 Male die Farbeimer richtig an.

dunkelblau   tannengrün   sonnengelb   kirschrot

6 Welche Buchstaben verdecken die Farbkleckse?

 dun el ot      ell lau   

 aler ut      W nd arbe   

7 Lies die Wörter. *Tipp:* Benutze ein Lineal.

Wasser   Maler   Blumen
Wasserfarben   Malerkittel   Blumentopf
Wasserfarbkasten Malerkitteltasche Blumentopferde

39

Sätze lesen

1 Schau dir das Bild genau an.
Unterstreiche die passenden Sätze.

a) Astrid füttert ihr Pferd.

b) Bille hat schwarze Flecken.

c) Zwei Hunde spielen im Hof.

d) Die Vögel sitzen auf dem Zaun.

Tipp Lies erst die einzelnen Wörter.
Wiederhole die schweren Wörter.
Lies dann den ganzen Satz.

2 Welcher Satz passt zum Bild? Unterstreiche ihn.

Bille trinkt Wasser.

Bille ist im Stall.

Bille frisst Heu.

3 Lies die Sätze mehrmals.

Astrid reitet.

Astrid reitet auf Bille.

Astrid reitet auf Bille nach der Schule.

Astrid reitet auf Bille nach der Schule in den Wald.

Werde immer schneller.

40

4 Hier sind drei Sätze versteckt.
Verbinde die passenden Satzteile miteinander.

Das Pferd	reitet	auf dem Zaun.
Astrid	sitzt	schwarze Flecken.
Der Vogel	hat	nach der Schule.

5 Trenne die Wörter mit einem Strich.

AufderWiesesindvielePferde. AstridholtBille.

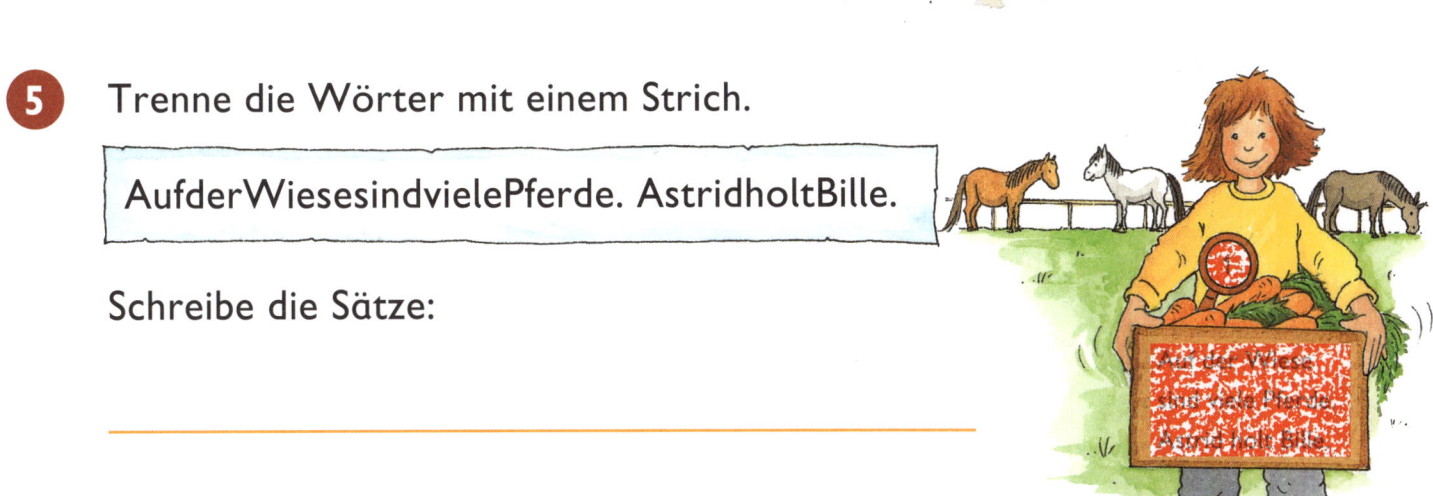

Schreibe die Sätze:

_____

_____

6 Lies jeden Satz von rechts nach links.
Wiederhole, bis du flüssig liest.

.Pferde viele stehen Stall Im

.Möhren gerne frisst Pferd Das

Lange Sätze lesen

1 a) Karlo und Konfetti machen einen Ausflug.
Lies den Text genau durch.

„Wir sind bis in das nächste Dorf geradelt.

Dort haben wir ein großes Eis gegessen.

Danach haben wir uns mit meinem Bruder getroffen.

Dann sind wir schnell nach Hause gefahren."

b) Was haben Karlo und Konfetti erlebt? Erzähle laut.

Tipp Lange Sätze kannst du leichter lesen,
wenn du die Sätze unterteilst.
Lies erst einzelne Satzteile und dann
den ganzen Satz.

2 Welche Sätze stimmen nicht? Streiche sie durch.

a) Karlo und Konfetti sind gewandert.

b) Im nächsten Dorf haben sie ein Eis gegessen.

c) Sie haben sich mit Karlos Freund getroffen.

d) Dann sind sie schnell nach Hause gefahren.

3 Lies die Satzteile. Verbinde sie zu ganzen Sätzen.

1. Karlo isst sehr   A. zum nächsten Dorf.

2. Der Berg ist   B. gern Schokoladeneis.

3. Sie radeln   C. sehr steil und hoch.

4. Im Dorf   D. süß und kalt.

5. Das Eis ist   E. treffen sie Freunde.

4 Bilde einen Satz. Schreibe ihn auf die Linien.

gierig   kaltes   Konfetti   Wasser   trinkt

_____

_____

5 Welcher Satz passt zum Bild? Lies die Sätze laut. Unterstreiche den richtigen Satz.

a) Karlo kauft sich im Dorf ein großes Eis mit verschiedenen Sorten.

b) Nach dem Radfahren macht Karlo eine Pause und isst ein belegtes Brötchen.

c) Karlo spielt mit Konfetti Ball.

Bild-Text-Zuordnung

1 Welche Wörter passen zum Bild? Kreise sie ein.

Junge Fahrrad Banane Mann Auto Apfel Hammer

2 Schau dir das Bild genau an. Decke es nun ab.
Lies die Sätze und kreuze richtig an.

ja	nein	Ist ein Hund neben Peters Auto?
ja	nein	Hat Felix ein Rad in der Hand?
ja	nein	Siehst du drei Autos?
ja	nein	Liegt auf dem Weg ein Ball?

3 Lies den Text genau durch.
Male das Auto richtig an.

Das Auto ist gelb.

Die vier Räder sind schwarz.

Die rote Hupe ist sehr laut.

Die Fahne ist blau.

Tipp Achte beim Lesen auf Wiewörter, zum Beispiel rot, schnell, lang. Dann kannst du genau erfahren, wie Dinge aussehen und welche Eigenschaften sie haben.

4 Welche Wörter passen zu Peter? Unterstreiche.

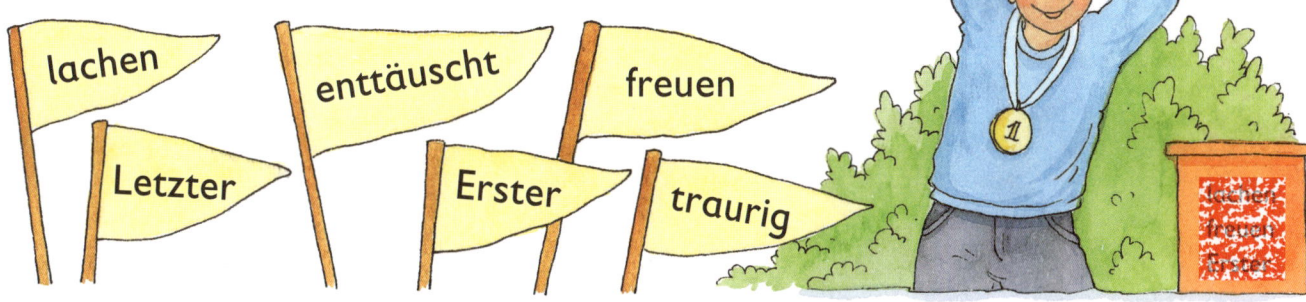

lachen

enttäuscht

freuen

Letzter

Erster

traurig

5 Welche Sätze stimmen?

a) Der Pokal ist bunt.

b) Der Pokal ist gelb.

c) Der Pokal ist mit einem Stern bemalt.

d) Der Pokal ist mit einer 1 bemalt.

e) Der Pokal ist eckig.

Reihenfolge erkennen

1 Trage zu jedem Bild unten den passenden Buchstaben ein.

a) Zuerst schaut sich Karlo alle Wecker an. Der rote Wecker gefällt ihm gut.

b) Karlo kauft den roten Wecker. Er bezahlt ihn beim Verkäufer.

c) Danach legt er den Wecker in seinen Koffer und geht nach Hause.

Tipp Achte auf Wörter wie zum Beispiel zuerst oder danach. Sie sagen dir, was der Reihe nach passiert.

2 Lies die Sätze aus Aufgabe 1. Welches Wort kommt in a), b) und c) zuerst? Unterstreiche es.

a) gefällt, Wecker, gut

b) bezahlt, Verkäufer, kauft

c) Hause, legt, Koffer

3 Verbinde:

7 Uhr   12 Uhr   15 Uhr   21 Uhr

| A | B | C | D |

| 1 | 2 | 3 | 4 |

4 Male.

Karlo steht auf.   Karlo wäscht sich.   Karlo isst.   Karlo spielt.

5 Was macht Konfetti?
Trage die richtige Reihenfolge von 1–4 ein.

Nachmittags tolle ich herum.

Morgens ziehe ich Karlo die Bettdecke weg.

Abends kuschele ich mich in meinen Korb.

Um 12 Uhr gibt es Mittagessen.

Textinhalte erfassen

1 Lies den Text bei den Affen.
Unterstreiche wichtige Wörter.

Claudia ist mit ihrer
Freundin Petra im Zoo.
Die Affen gefallen
Claudia besonders gut.

2 Welches der beiden Wörter stimmt?
Kreise das richtige Wort ein.

a) Claudia ist heute im | Zoo | | Kino | .

b) Sie ist mit ihrer | Schwester | | Freundin | dort.

c) Die | Affen | | Bären | gefallen Claudia gut.

Tipp Du verstehst einen Text besser,
wenn du wichtige Wörter im Text
unterstreichst, zum Beispiel Namen.

3 Welches Tier hat sich hier versteckt? Male alle
Felder aus, in denen das Wort TIER steht.

Oh, ein _____ !

4 Welches Tier hat Karlo fotografiert?
Male dieses Tier in den Rahmen.

Das Tier ist groß und grau.

Es hat einen Rüssel.

Das Tier ist sehr schwer.

 5 Lies genau.
Verbinde jeden Satz mit dem passenden Tier.

a) Das Tier kann schwimmen.

b) Das Tier kann sprechen.

c) Das Tier hat Streifen.

Rätsel lösen

1 Kannst du die Geheimschrift lesen?

K – ♥
A – 🕯
I – ✿
R – 🍬
S – 🔵
T – 🔺
L – 🔷
O – ⭐
E – ✂

2 Schreibe selbst in dieser Geheimschrift:

KARTE _____

ESEL _____

LISTE _____

SEIL _____

TORTE _____

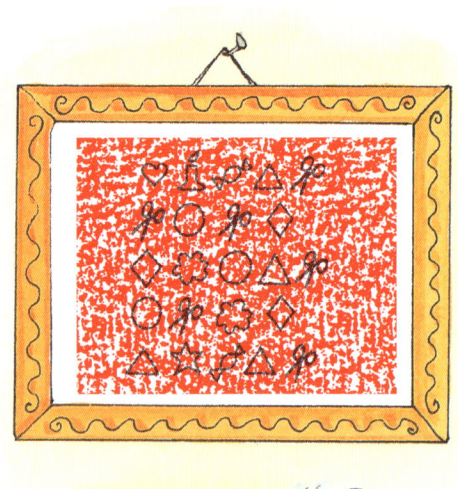

3 Verschlüssele nun deine eigenen Wörter.

_____

_____

4 Lies den Text und setze für jedes Bild ein Wort ein.
Errätst du den gesuchten Beruf?

„Ich fühle mich wie ein _____ .

Ich komme den _____ ganz nahe.

Ich fliege in einem _____ ."

5 Streiche jeden zweiten Buchstaben durch und
lies die Wörter. Welcher Beruf ist hier gemeint?

„Ich sehe jeden Tag viele K Z I J N O D R E W R.

Ich brauche oft eine T R A S F D E F L.

Ich arbeite in der S W C T H U U O L C E."

6 Ergänze die Sätze sinnvoll. Weißt du jetzt,
welcher Beruf gemeint ist?

„Ich habe ein Herz für _____ .

Ich _____ kranke Tiere.

Meistens kann ich den Tieren _____ ."

untersuche
Tiere   helfen

7 Denke dir ein eigenes Rätsel aus.
Lass es deine Freunde oder Eltern lösen.

_____

_____

_____

Rhythmisches Lesen

1 a) Lies den Reim laut.

Eins, zwei, drei,

Z a u b e r ei.

Vier, fünf, sechs,

wo ist die Hex?

Sieben, acht,

jetzt gib acht!

Neun und zehn,

nun musst du gehn.

b) Lies wieder laut.
Zeichne oben Konfettis Silbensprünge ein.

2 Kannst du den Reim auswendig lernen?
Sprich laut und klatsche dazu in die Hände.

3 Zu welcher Zeile passt welches Bild? Verbinde.

> Bei Mondenschein um Mitternacht,
> hätte das jemand gedacht,
> kommt nach dem zwölften Glockenschlag
> ein Gespenst mit Paukenschlag.

4 Schreibe den Reim fertig. Karlo hilft dir.

Li, la, lo, wo ist der _____ ?

Li, lo, le, er sitzt im _____ !

Li, lo, latt, auf einem _____ !

Floh Klee Blatt

5 Lies den Reim von Seite 52 nochmals.
Trage die richtige Reihenfolge von 1–8 ein.

☐ wo ist die Hex?

☐ Eins, zwei, drei,

☐ Zauberei.

☐ nun musst du gehn.

☐ Vier, fünf, sechs,

☐ Sieben, acht,

☐ Neun und zehn,

☐ jetzt gib acht!

Schaffst du das auswendig?

Gedichte vortragen

1 Lies das Gedicht des kleinen Zauberers.
Trage es dann laut vor.

Schaut, ich bin ein kleiner Mann,

der viele Sachen zaubern kann:

eine Kuh, die Walzer tanzt,

eine Maus, die Bäume pflanzt,

einen Hund, der auf den Pfoten geht,

einen Storch, der auf dem Schnabel steht.

Tipp Wenn du ein Gedicht vorträgst,
versuche wichtige Wörter zu betonen,
zum Beispiel Namenwörter wie
Mann, Sachen …

2 Lies das Gedicht links auf verschiedene Weise:

a) Lies so leise wie möglich.
b) Lies ganz schnell ohne Pause.
c) Lies abgehackt wie ein Roboter.

3 Was reimt sich? Verbinde die Wörter.

Sachen

kann

steht

pflanzt

tanzt

machen

geht

Mann

4 Schau dir die Bilder genau an. Welches Bild passt nicht zum Gedicht bei Aufgabe 1?

5 Was zaubert der kleine Mann noch? Ergänze.

Ein Pferd, das einen Salto _____ ,

einen Löwen, der vor Freude _____ .

Betontes Lesen

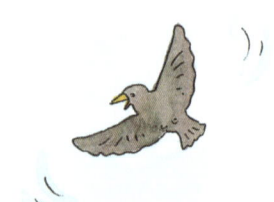

1 Abends erzählt Nina ihren Eltern von einem Fußballspiel. Lies den Text im Tor und achte auf die richtige Betonung.

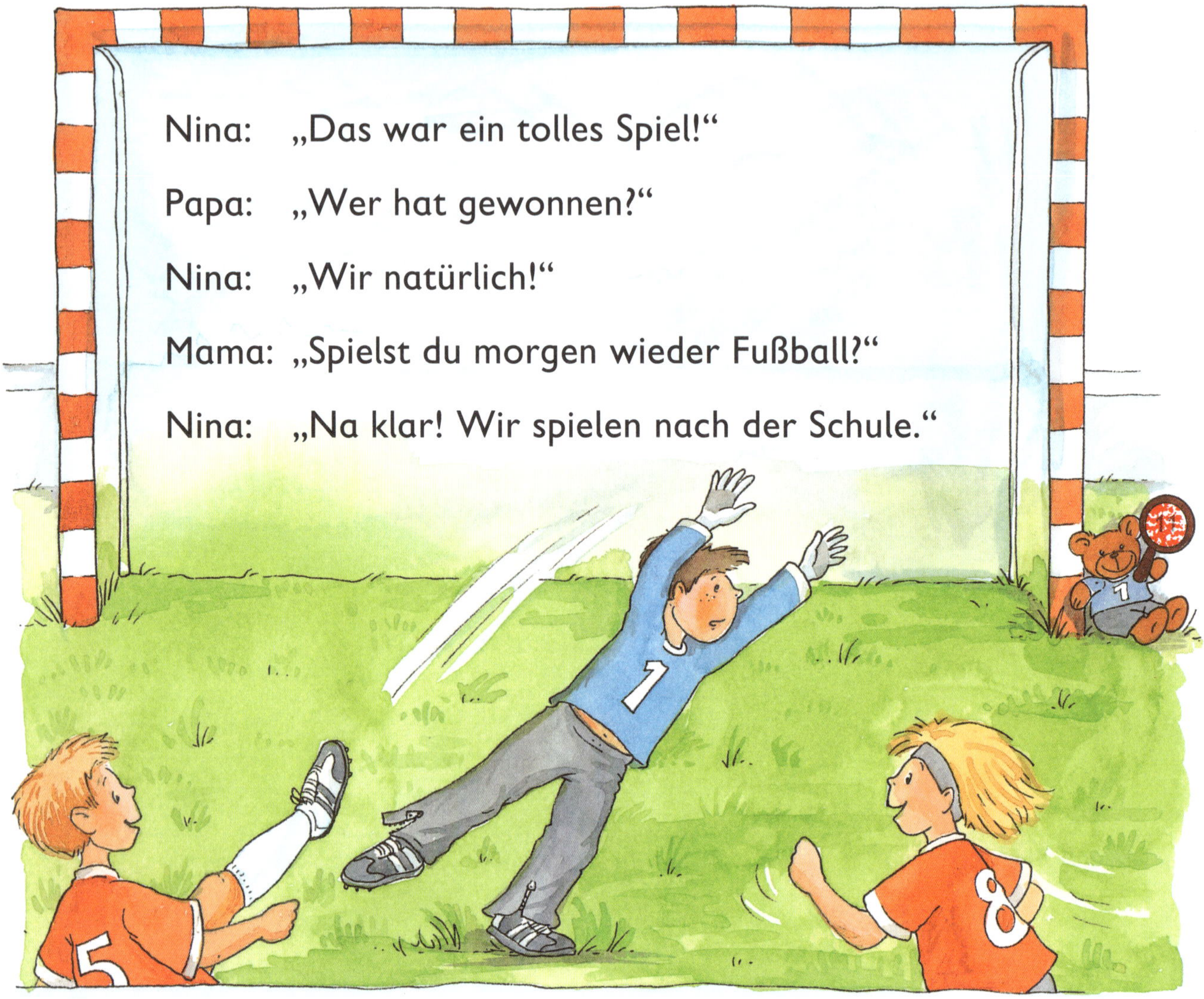

Nina: „Das war ein tolles Spiel!“

Papa: „Wer hat gewonnen?“

Nina: „Wir natürlich!“

Mama: „Spielst du morgen wieder Fußball?“

Nina: „Na klar! Wir spielen nach der Schule.“

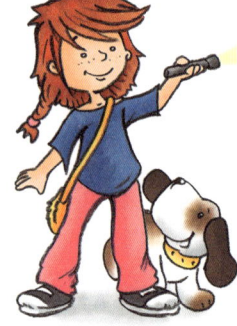

Tipp Fragen erkennst du am Fragezeichen (?).
Deine Stimme sollte am Satzende nach oben gehen.
Ausrufe erkennst du am Ausrufezeichen (!).
Deine Stimme sollte beim Lesen etwas lauter werden.

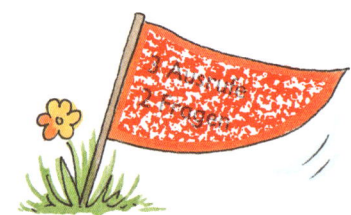

2 Lies die Sätze in Aufgabe 1 nochmals.
Wie viele Ausrufe und wie viele Fragen gibt es?

3 Lies die Sätze und betone richtig.

Den Ball halte ich!

Nina vor, noch ein Tor!

4 ! oder ? : Setze das richtige Satzzeichen.
Lies die Sätze. Achte auf die richtige Betonung.

a) Das war ein tolles Tor ◯

b) Wer hat das Tor geschossen ◯

c) Wir haben gewonnen ◯

d) Pass doch auf ◯

5 Verbinde die Satzteile richtig.
Lies die Sätze dann laut und betont vor.

1. Wie viele Tore   A. da kommt Sven!

2. Pass auf,   B. sind gefallen?

3. Wir haben   C. das Tor geschossen?

4. Wer hat   D. gewonnen!

6 Nimm alle Sätze von Aufgabe 1–4 mit dem Handy auf.
Hör dir deine Aufnahme an: Hast du richtig betont?

1 Lies den Text auf der Postkarte mehrmals durch.
Versuche jedes Mal ein wenig schneller zu werden.
Betone Ausrufesätze und Fragesätze.

Hallo Peter!

Ich bin gerade mit Konfetti für zwei Wochen

in Italien. Hier am Meer gefällt es mir sehr gut.

Ich gehe jeden Tag schwimmen und Konfetti

jagt die Möwen. Das Essen ist auch klasse.

Was machst du in deinen Ferien?

Viele Grüße, dein Karlo

2 Lies den Text von Aufgabe 1 nochmals und decke
ihn dann ab. Unterstreiche alle richtigen Sätze.

a) Karlo ist mit seiner Freundin in Italien.

b) Er geht jeden Tag schwimmen.

c) Die beiden sind drei Wochen in Italien.

d) Konfetti jagt Schildkröten.

e) Karlo findet das Essen klasse.

3 Hast du einen Freund oder eine Freundin,
der/die weit weg wohnt?
Schreibe ihm/ihr eine Postkarte.

4 Welche Beschreibung passt zum Bild?
Lies genau.

a) Das Auto ist grün und hat gelbe Stoßstangen.
   Außerdem hat es große, runde Scheinwerfer.

b) Das Auto ist grün und hat rote Stoßstangen.
   Außerdem hat es große, runde Scheinwerfer.

5 Kannst du den Brief lesen?
Streiche alle W und V weg.

VWHALLOWWVVKARLO!

VICHVWBINVWGERADEWWINVWVENGLAND.

VWLEIDERWVREGNETWVVESVWIMMER.

ABERVWICHVWMACHEWVTOLLEVWW

WWVWWVVAUSFLÜGE.

VWBISWBALD,VWDEINVWPETER

6 Ergänze den Brief und lerne den Reim auswendig.

Aus der weiten Ferne

schicke ich dir _____

viele liebe _____

an deine großen Füße.

Knack den Code

Auf jeder Doppelseite (Seite 34 – 59) findest du eine kleine braune Lupe. Darin steht jeweils eine Zahl.

- Schreibe die Zahlen nacheinander auf die Linien.
- Ersetze sie dann durch die Buchstaben, die auf dem Zettel versteckt sind: zum Beispiel 7 durch den Buchstaben A.
- Trage jeweils den passenden Buchstaben unter der Zahl ein. Wie heißt der Lösungssatz?

C O D E

1 = 🔳	4 = 🔳
8 = 🔳	5 = 🔳
7 = 🔳	14 = 🔳
11 = 🔳	3 = 🔳
9 = 🔳	2 = 🔳

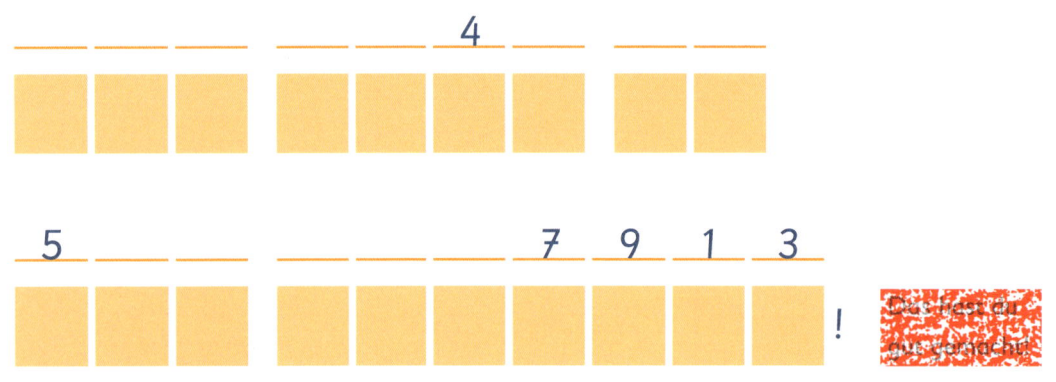

_____ _____ _____ 4 _____ _____ _____ _____

_____ _____ _____ _____ _____ _____ _____

5 _____ _____ _____ _____ 7 9 1 3

!

Auftrag erledigt!

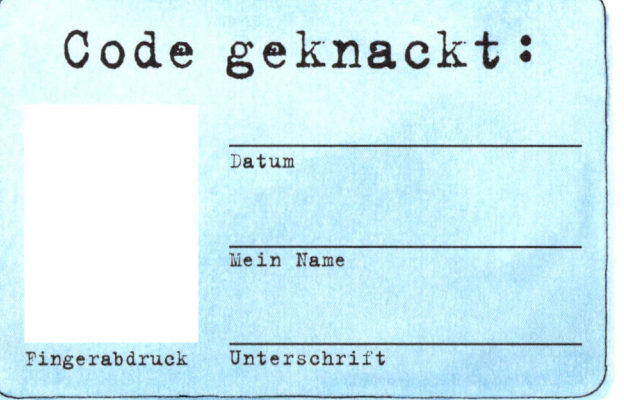

Code geknackt:

Datum _____

Mein Name _____

Fingerabdruck   Unterschrift _____

Rechnen lernen

Unterscheiden und sortieren

1 Immer zwei Gegenstände gehören zusammen.
Verbinde sie miteinander.

2 Ein Heft sieht anders aus als die anderen.
Kreuze es an.

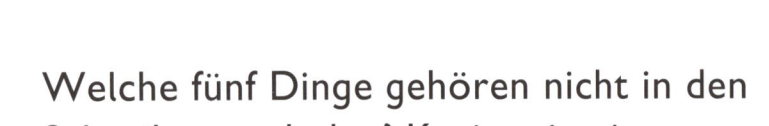

3 Welche fünf Dinge gehören nicht in den
Schreibwarenladen? Kreise sie ein.

4 Umkreise, was zusammenpasst. Kreuze in jeder Gruppe das an, was am größten aussieht.

5 Führe die Reihe richtig fort.

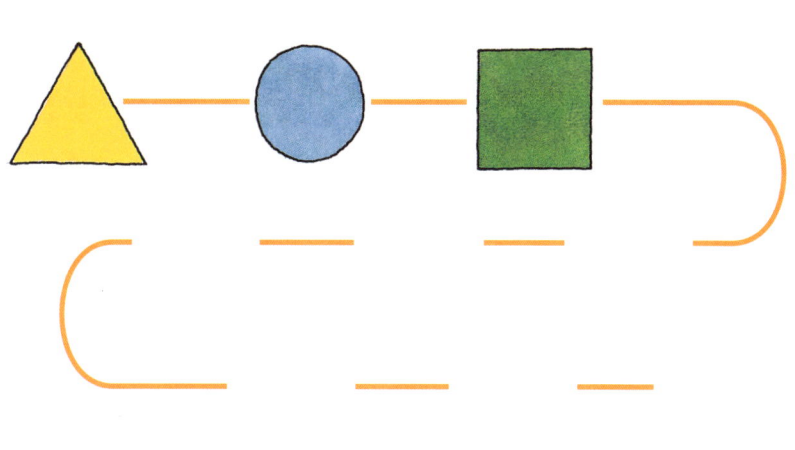

Achte auf die verschiedenen Formen und Farben.

6 Male die angefangenen Gegenstände fertig.
Wie viele Dinge siehst du dann insgesamt bei dieser Aufgabe?

Zahlen bis 10

1 Schau dir das Bild genau an.

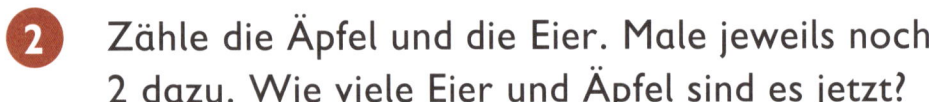

a) Wie viele Schweine siehst du? ___3___

b) Von welchen Dingen kannst du 2 entdecken?

_____

c) Siehst du auf dem Bild 4, 5 oder 6 Hühner? ____

d) Wie viele Beine hat Konfetti? _____

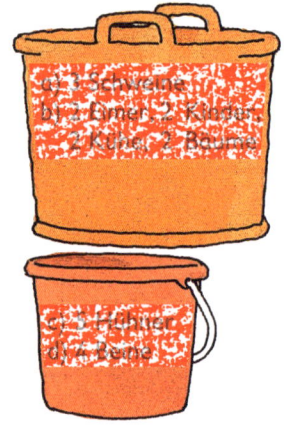

2 Zähle die Äpfel und die Eier. Male jeweils noch 2 dazu. Wie viele Eier und Äpfel sind es jetzt?

3 Verbinde die Zahlen von 1–10 der Reihe nach.

4 Verbinde jedes Bild mit der richtigen Zahl.

3

5

2

4

5 Die kleinen Hunde möchten gern
genauso viele Punkte haben wie ihr Papa.
Malst du ihnen die fehlenden Punkte dazu?

1 Trage die richtigen Zeichen ein:

< , > , =

Tipp Du kannst Dinge mit diesen Zeichen ganz einfach vergleichen.

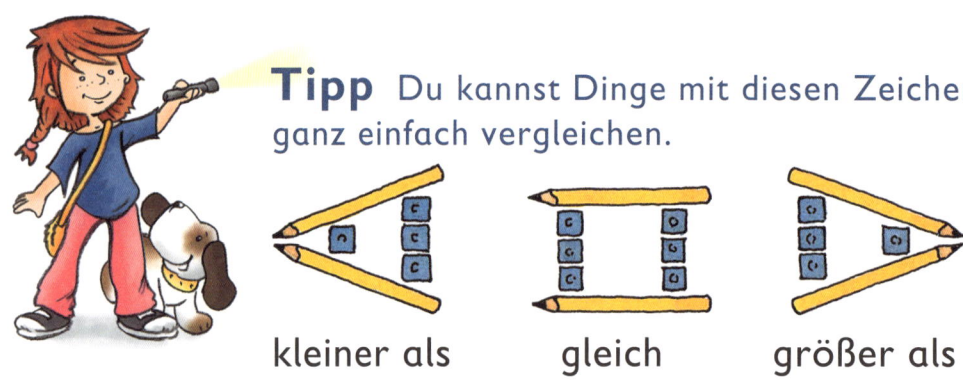

kleiner als   gleich   größer als

2 Umkreise, was zusammenpasst.
Trage die Mengen ein.

_3_ Bären

___ Bauklötze

___ Figuren

___ Spielautos

3 Zähle die Bauklötze jeder Farbe.
Trage die Ziffern und Zahlwörter ein.

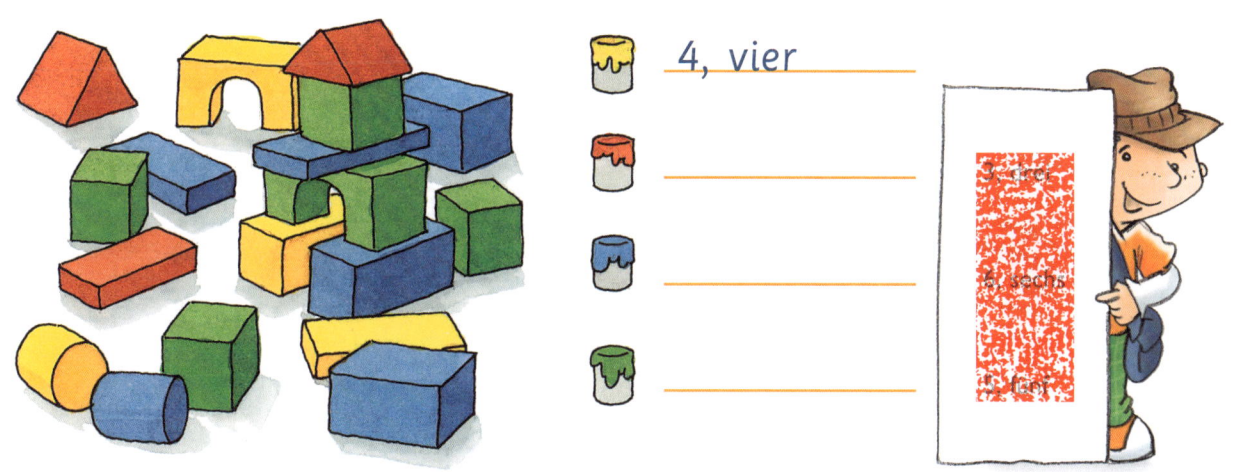

4, vier

4 Konfetti bekommt von jeder Form 5 Kekse.
Umkreise sie bunt. Wie viele Kekse sind im Napf?

5 Verbinde die Tiere mit der richtigen Kiste.
Wie viele Tiere sind nun in jeder Kiste?

Bauernhof

Zoo

Vergleichen und ordnen

1 Ordne die Geschenke.
Beginne mit der kleinsten Zahl.

1, 2, _____

2 Ergänze die Zahlen auf der Tafel.

Regel Der Vorgänger steht vor einer Zahl,
der Nachfolger steht dahinter: 5 6 7

3 Setze die Zeichen < > = ein.

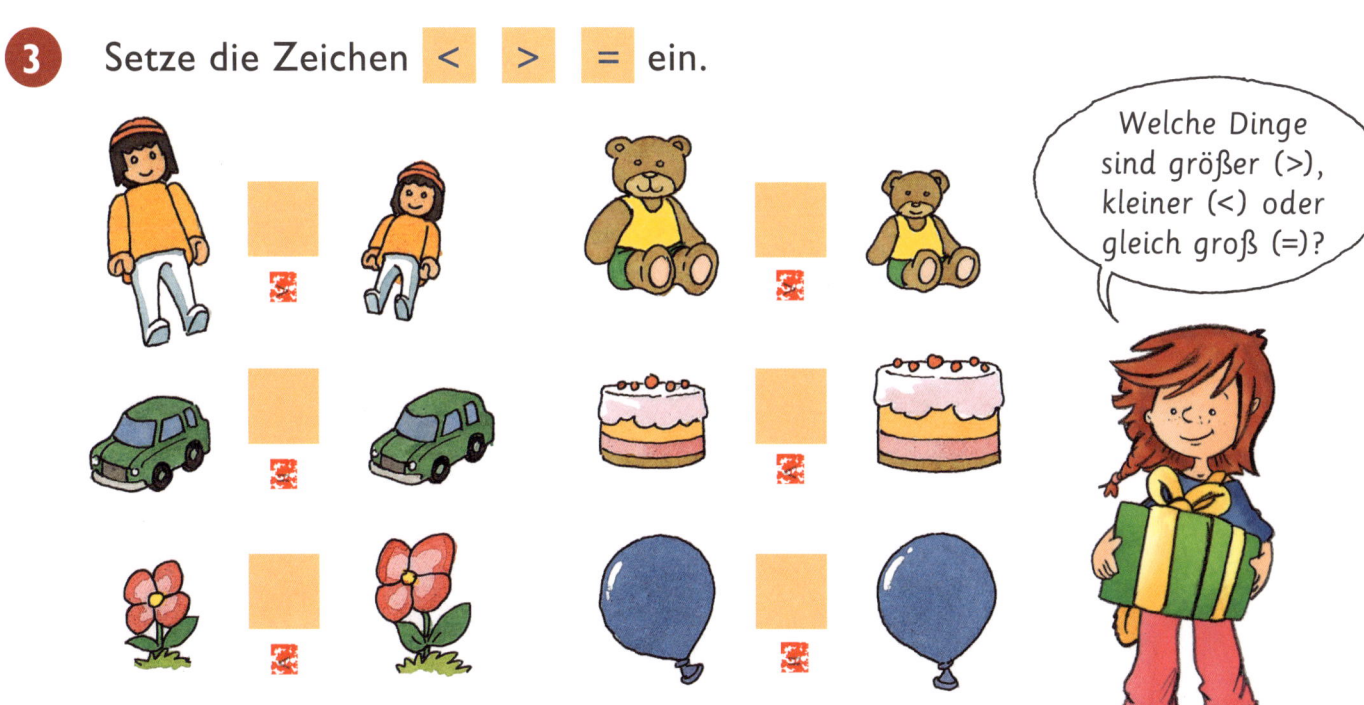

Welche Dinge sind größer (>), kleiner (<) oder gleich groß (=)?

4 Kannst du die Zeichen < > = auch zwischen den Zahlen auf den Kerzen einsetzen?

5 Ordne die Kuchenstücke von der größten bis zur kleinsten Zahl.

1 Rechne aus.

$3 + 2 =$ ___

$2 + 2 =$ ___

$5 + 3 =$ ___

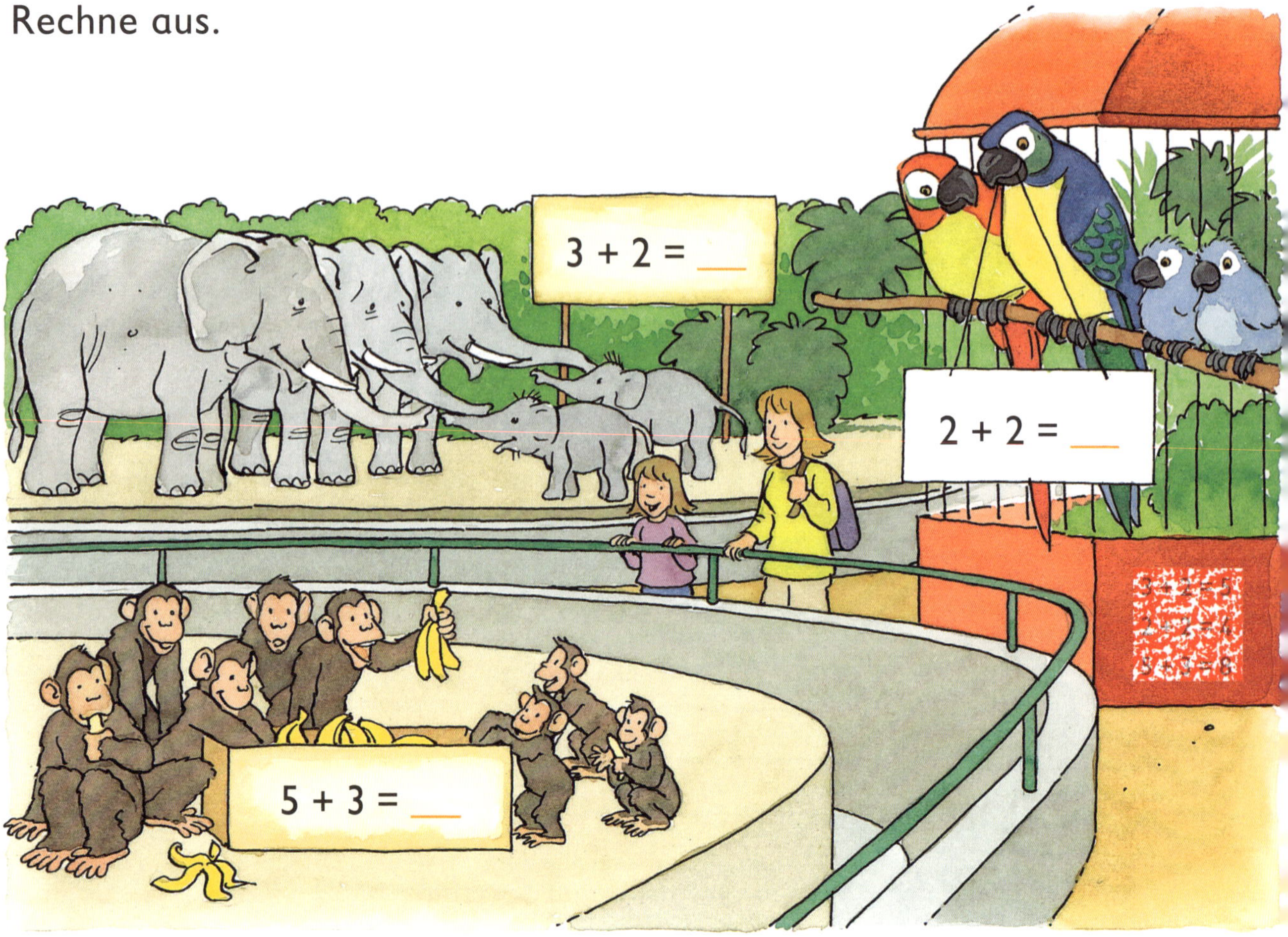

2 Welche Rechnung passt zu den Pinguinen?
Welche zu den Eisbären?

$2 +$ ___

3 Zähle und rechne.

Karlo zählt: 7 + 3 = ___ Fische

Dann zählt er: 3 + 7 = ___ Fische

Was fällt dir auf?

Tipp Manchmal fällt dir das Rechnen leichter, wenn du die Tauschaufgabe rechnest.

Rechne so: 4 + 5 =

5 + 4 = 9

4 Rechne und verbinde dann jede Aufgabe mit ihrer Tauschaufgabe.

6 + 3 = _9_

3 + 5 = ___

8 + 2 = ___

2 + 8 = ___

5 + 3 = ___

3 + 6 = ___

5 Würfle mit zwei Würfeln gleichzeitig. Schreibe die passende Plusaufgabe auf und rechne aus. Wie heißt die Tauschaufgabe?

Plusaufgabe: 4 + 3 = 7
Tauschaufgabe: 3 + 4 = 7

1 Tom hat zu viel Obst und Gemüse genommen.
Er muss aus jeder Reihe etwas zurücklegen.
Streiche die richtige Anzahl durch.

$8 - 5 =$ _3_

$10 - 4 =$ ___

$5 - 1 =$ ___

$7 - 4 =$ ___

$7 - 5 =$ ___

$9 - 4 =$ ___

Tipp Wenn du eine Aufgabe nicht lösen kannst,
kannst du Knöpfe oder Murmeln zu Hilfe nehmen.
Beispiel: $10 - 5 = ?$
Lege 10 Knöpfe auf den Tisch und nimm davon
5 Knöpfe weg. Zähle die Knöpfe, die dann noch
auf dem Tisch liegen. Diese Zahl ist das Ergebnis.

2 Schau dir das Bild genau an. Schreibe unter jede
Kiste die passende Aufgabe und rechne.

3 Rechne minus.

Tipp Rechne am Zahlenstrahl,
indem du die Minuszahl nach links einträgst.
$10 - 3 = 7$

0 1 2 3 4 5 6 7 8 9 10

$10 - 2 = \underline{}$

0 1 2 3 4 5 6 7 8 9 10

$10 - 4 = \underline{}$

0 1 2 3 4 5 6 7 8 9 10

$10 - 7 = \underline{}$

0 1 2 3 4 5 6 7 8 9 10

 **4** Welches Tier ist zu sehen?
Rechne die Aufgaben und verbinde die Ergebnisse.

$10 - 2 = \underline{}$

$9 - 3 = \underline{}$

$7 - 3 = \underline{}$

$10 - 5 = \underline{}$

$4 - 2 = \underline{}$

$10 - 3 = \underline{}$

Male das Tier
passend an.

1 Trage die fehlenden Zahlen ein.

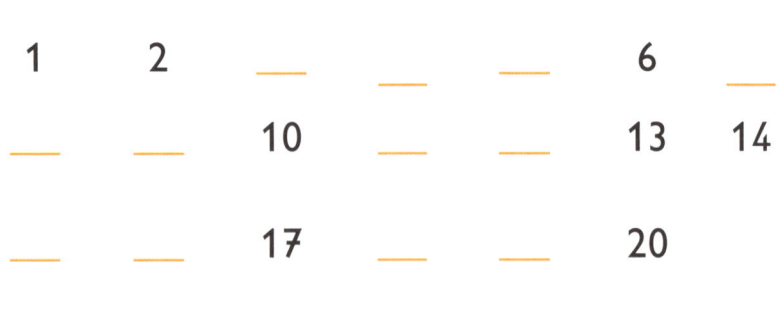

1	2	__	__	__	6	__
__	__	10	__	__	13	14
__	__	17	__	__	20	

Suche diese Zahlen im Bild
und male sie an.

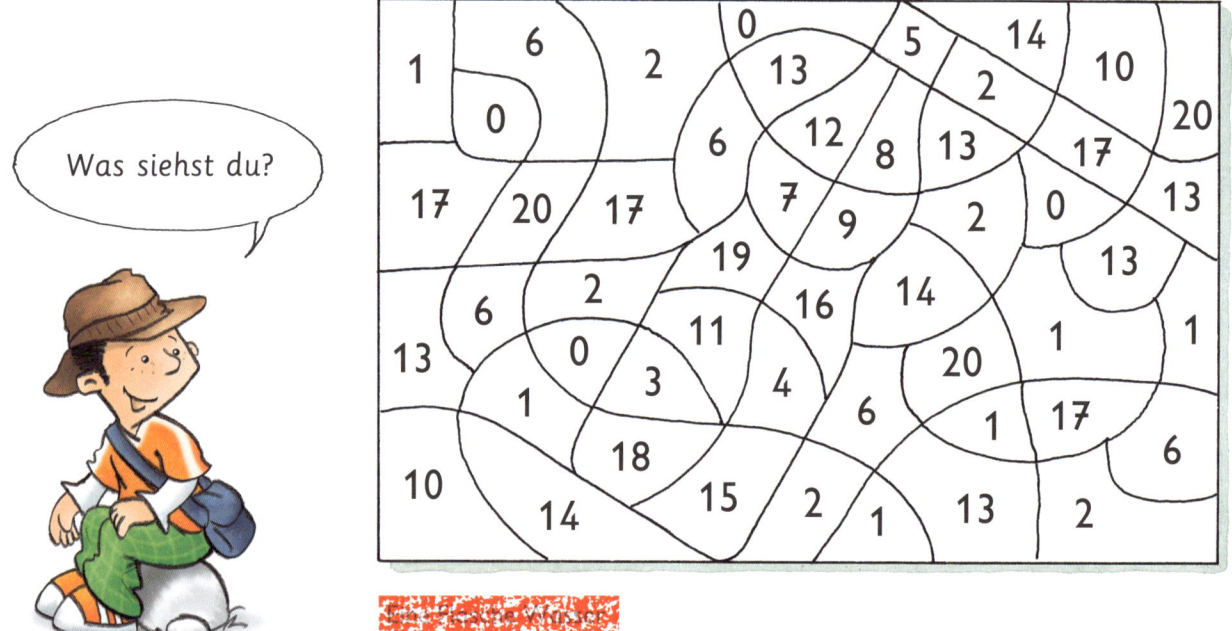

Was siehst du?

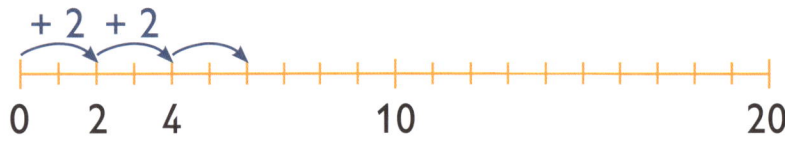

2 a) Trage die 2er-Schritte
auf dem Zahlenstrahl ein.

+ 2 + 2

0 2 4   10   20

b) Trage die 4er-Schritte mit
einer anderen Farbe oben ein.

3 Trage die Anzahl in das Kästchen ein.

4 Trage Vorgänger und Nachfolger ein.

15	_16_	17		___	13	___	
17	___	19		___	19	___	
13	___	15		___	12	___	

5 Kannst du die Zahlenrätsel lösen?

Die gesuchte Zahl
ist um 2 größer als 16
und um 2 kleiner als 20.

Welche Zahl hat zwei
gleiche Ziffern und liegt
zwischen 10 und 20?

Stellenwerttafel

1 Wie viele Zitronen sind es?

Umkreise immer 10 Zitronen.

Regel 10 Einer = 1 Zehner
Trage die Zehner immer in die Z-Spalte,
die Einer in die E-Spalte ein.

10 Zitronen + 6 Zitronen = 16 Zitronen

Z	E
1	6

2 Trage die Anzahl in die Stellenwerttafeln ein.

Z	E

Z	E

3 Trage die richtige Anzahl ein.

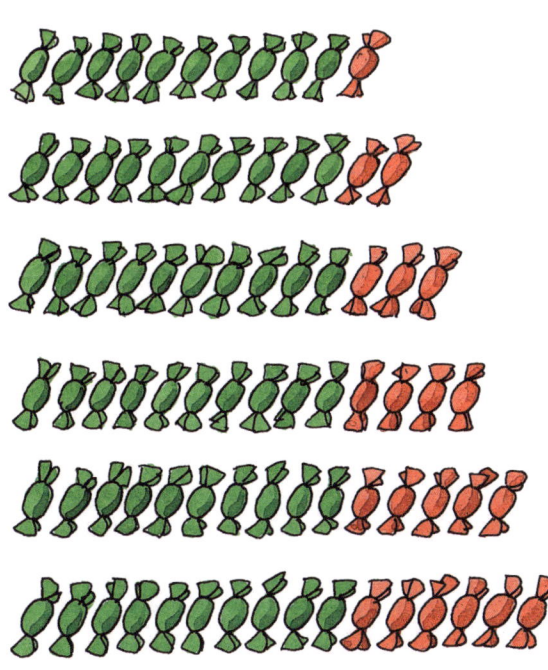

10 + 1 = ____

10 + 2 = ____

10 + 3 = ____

10 + 4 = ____

10 + 5 = ____

10 + 6 = ____

> Ich mag am liebsten rote Bonbons.

4 Verbinde die Aufgaben mit den passenden Gläsern.

Z	E
1	4

Z	E
1	0

Z	E
1	8

Z	E
1	5

10 + 8 = ____

9 + 5 = ____

8 + 7 = ____

5 + 5 = ____

5  Konfetti nascht 10 Bonbons. Dann klaut er 11 weitere Bonbons aus Karlos Koffer. Wie viele Bonbons frisst er insgesamt? Rechne und trage die richtige Zahl ein.

_____

Z	E

1 Schreibe die passenden Aufgaben auf die Linien.

$10 + 6 = 16$

$6 + 10 = 16$

2 Wie viele Pilze hat jeder gefunden?

Tina: $11 + 7 = 18$

Uli: $12 + 4 = 16$

Jan: $15 + 5 = 20$

3 Wie heißt die Aufgabe zum Ergebnis auf dem Zettel?

17
$12 + 5 = 17$

19
$17 + 2 = 19$

18
$15 + 3 = 18$

20
$14 + 6 = 20$

4 Rechne und male die Ergebnisse bunt an.
Siehst du jetzt den bunten _____ ?

10 + 5 = _15_
19 + 1 = _20_
16 + 3 = _19_
11 + 0 = _11_
13 + 4 = _17_
12 + 1 = _13_
14 + 0 = _14_
15 + 1 = _16_
10 + 2 = _12_
18 + 0 = _18_

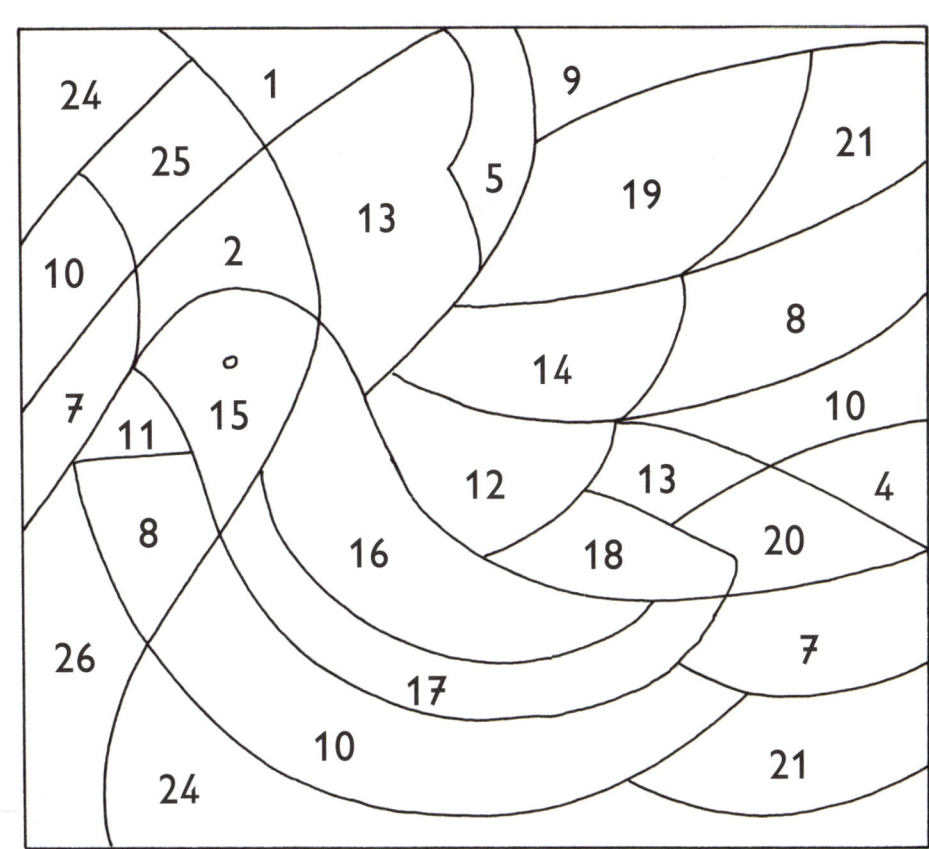

5 Rechne aus.

12 + 3 + 2 = _17_

13 + 5 + 1 = _19_

16 + 3 + 1 = _20_

15 + 2 + 3 = _20_

11 + 2 + 3 = _16_

79

1 Wie viele Blumen sind in jedem Blumenkasten?

$$7 + \quad 5 \quad = \underline{12}$$

$$7 + \underline{3} + \underline{2} = 12$$

10

$$8 + \quad 6 \quad = 14$$

$$8 + \underline{2} + \underline{4} = 14$$

$$9 + \quad 7 \quad = 16$$

$$9 + \underline{1} + \underline{6} = 16$$

Tipp So kannst du manche Aufgaben leichter rechnen: Ergänze zuerst zum nächsten vollen Zehner und zähle dann den Rest dazu.

Beispiel:

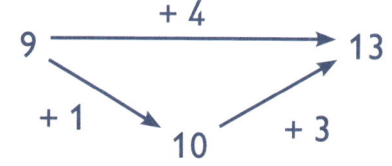

2 Schreibe die passenden Rechnungen auf. Male auch die fehlenden Blumen dazu.

a)  $\underline{5}$ + $\underline{6}$ = $\underline{11}$

b) 3 + $\underline{8}$ = 11

3 Schreibe die fehlende Zahl in die gelbe Blüte.

= 13   8 + 5

= 15   10 + 5

= 17   9 + 8

= 20   7 + 13

4 Zähle die Blumen in jeder Reihe zusammen und schreibe das Ergebnis auf.

$7 + 6 + 5 = 18$

$5 + 3 + 8 = 16$

$10 + 5 + 5 = 20$

 5 Die Zahlen auf den unteren Steinen ergeben zusammengerechnet die Zahl auf dem Stein darüber. Welche Zahlen stehen ganz oben auf der Rechenpyramide?

Minusaufgaben bis 20

1 In der Kiste sind 15 Kleidungsstücke.
Robin zieht 3 an. Wie viele sind noch in der Kiste?

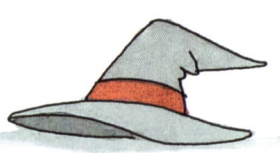

Tipp Bilde die Umkehraufgabe, dann kannst du
dein Ergebnis überprüfen. Achte auf das Rechenzeichen.
Beispiel: 14 − 1 = 13, denn 13 + 1 = 14

15 − 3 = _12_ , denn _12_ + 3 = _15_

Löse auch diese Aufgaben:

20 − 6 = _14_ , denn _14_ + 6 = _20_

17 − 4 = _13_ , denn _13_ + 4 = _17_

18 − 1 = _17_ , denn _17_ + 1 = _18_

14 − 2 = _12_ , denn _12_ + 2 = _14_

2 Im Keller hängen 14 Lampions.
3 Lampions legt Tim wieder zurück.
Wie viele Lampions hängen jetzt im Keller?

14 − 3 = 11 Im Keller
hängen 11 Lampions.

3 Löse die Aufgaben.

$9 - 3 =$ _6_

$19 - 3 =$ _16_

$16 - 4 =$ _12_

$7 - 3 =$ _4_

$18 - 5 =$ _13_

$17 - 3 =$ _14_

4 Rechne die Aufgaben auf der Tafel.
Such dir einen Preis auf Konfettis
Decke aus.

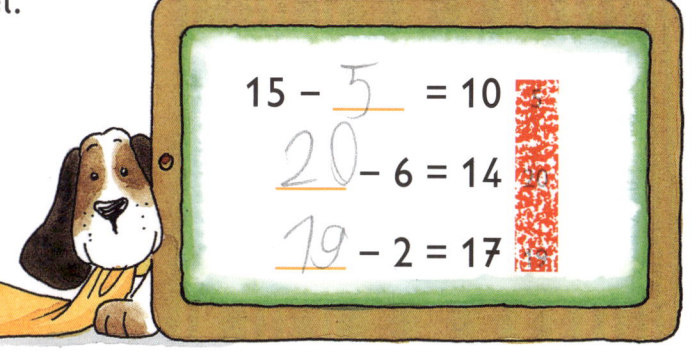

$15 - $ _5_ $= 10$

_20_ $- 6 = 14$

_19_ $- 2 = 17$

5 Trage die richtigen Ergebnisse
in die hellgelben Felder ein.

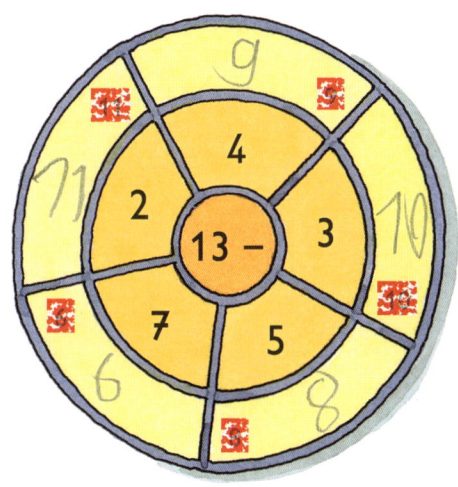

9   11   4   2   13 −   3   10   7   5   6   8

9   11   8.   6   17 −   2   15   9   4   8   13

1 Rechne die Aufgaben am Zahlenstrahl und trage die Bögen ein.

15 − 6 = ____   0 1 2 3 4 5 6 7 8 9 10 11 12 13 14 15 16 17 18 19 20

17 − 9 = ____   0 1 2 3 4 5 6 7 8 9 10 11 12 13 14 15 16 17 18 19 20

14 − 7 = ____   0 1 2 3 4 5 6 7 8 9 10 11 12 13 14 15 16 17 18 19 20

16 − 8 = ____   0 1 2 3 4 5 6 7 8 9 10 11 12 13 14 15 16 17 18 19 20

Tipp Rechnest du Minusaufgaben am Zahlenstrahl, musst du die Minuszahl nach links eintragen.
18 − 9 = 9

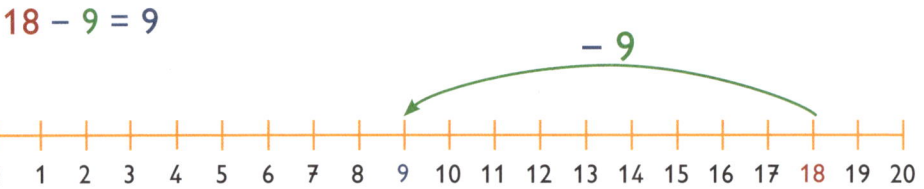

− 9

0 1 2 3 4 5 6 7 8 9 10 11 12 13 14 15 16 17 18 19 20

2 Rechne aus.

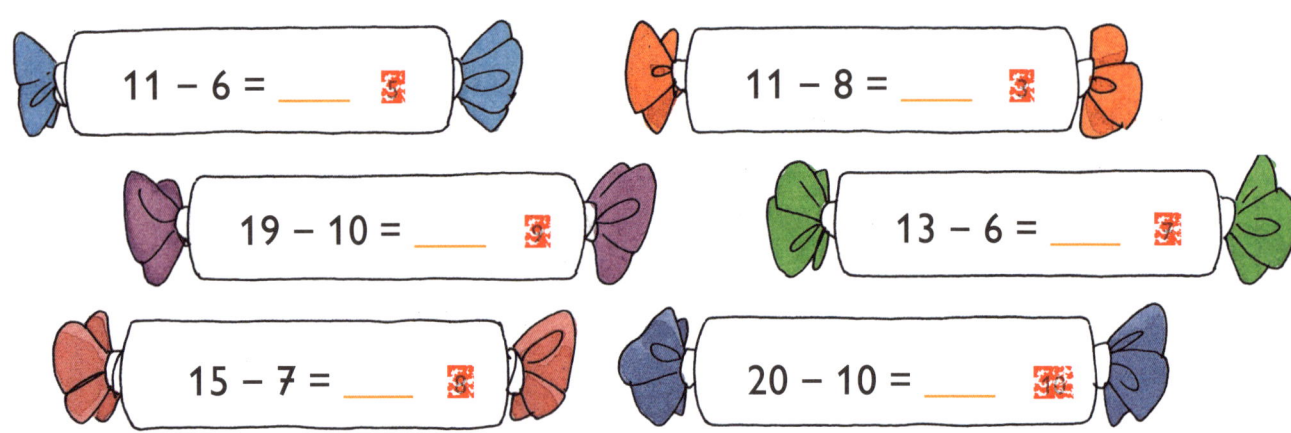

11 − 6 = ____

11 − 8 = ____

19 − 10 = ____

13 − 6 = ____

15 − 7 = ____

20 − 10 = ____

3 Wie alt ist die Schlange?
Die letzte Ergebniszahl verrät es dir.

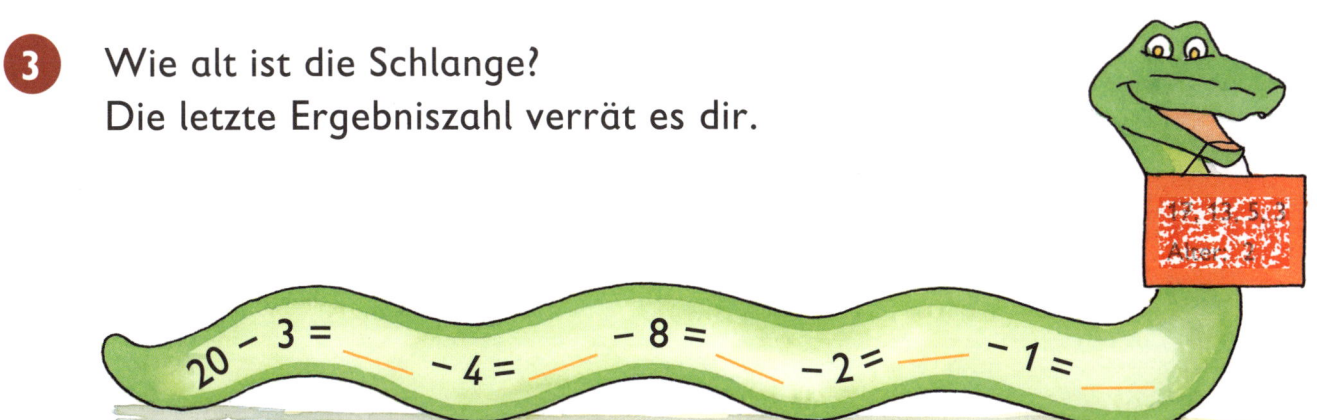

20 – 3 = ___ – 4 = ___ – 8 = ___ – 2 = ___ – 1 =

4 Verbinde die passenden Zettel miteinander.
Welcher Zettel bleibt übrig?

16 – 9   6   17 – 8   7   13 – 7   5   9

5 Welcher Bär kostet 6 Euro?

6 Euro

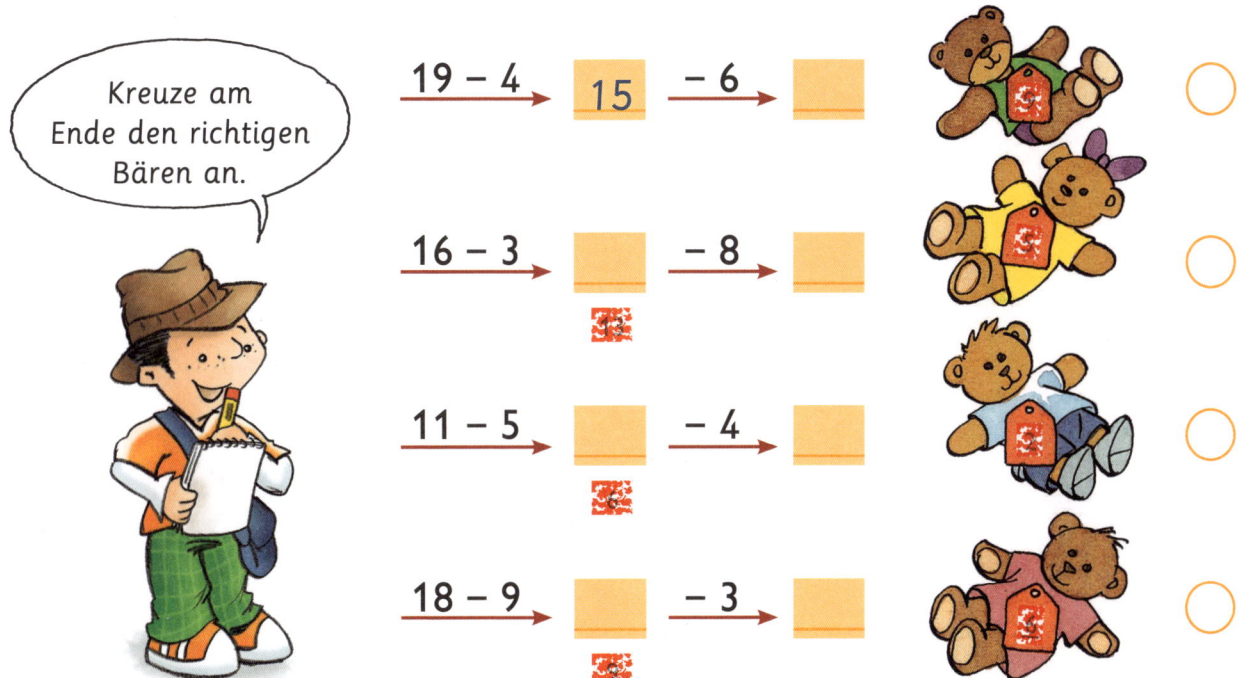

Kreuze am Ende den richtigen Bären an.

19 – 4 → 15 – 6 → ◯

16 – 3 → ___ – 8 → ◯

11 – 5 → ___ – 4 → ◯

18 – 9 → ___ – 3 → ◯

Rechenvorteile nutzen

1 Rechne die Aufgaben.

6 + 10 = <u>10 + 6 = 16</u>

3 + 11 = _____

4 + 16 = _____

2 + 17 = _____

5 + 12 = _____

1 + 15 = _____

7 + 12 = _____

9 + 11 = _____

Plusaufgaben sind leichter, wenn die größere Zahl vorne steht.

2 Rechne die Aufgaben auf den Bällen.
Tipp: Rechne auf jedem Ball zuerst die mittlere Aufgabe.

a) 7 + 6 = 13
  ↑ − 1
7 + 7 = 14
  ↓ + 1
7 + 8 = _____

b) 8 + 7 = _____
8 + 8 = _____
9 + 8 = _____

c) 9 + 8 = _____
9 + 9 = _____
9 + 10 = _____

3 Rechne die Aufgaben und male
die Ergebnisse im Ausmalbild an.

Tipp Rechne zuerst bis zum nächsten Zehner
und ziehe dann den Rest ab.

Beispiel: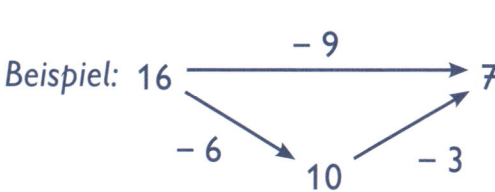

18 − 9 = ____

18 − ____ − ____ = ____

17 − 8 = ____

17 − ____ − ____ = ____

15 − 7 = ____

15 − ____ − ____ = ____

12 − 5 = ____

12 − ____ − ____ = ____

4 Schreibe die Ergebnisse auf.

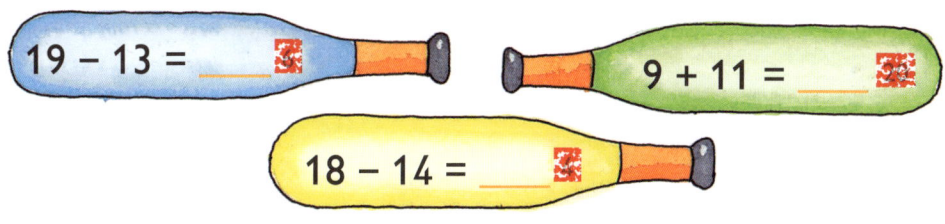

19 − 13 = ____

9 + 11 = ____

18 − 14 = ____

Gleichungen

1 Rechne die Aufgaben.

3 + ⭐7⭐ = 10   ⭐10⭐ – 3 = ⭐7⭐

5 + ⭐ = 10   ⭐ – 5 = ⭐

6 + ⭐ = 10   ⭐ – 6 = ⭐

2 + ⭐ = 10   ⭐ – 2 = ⭐

Tipp Bilde bei schwierigen Aufgaben
die Umkehraufgabe. Bei einer Umkehraufgabe
verändert sich das Rechenzeichen.
Beispiel: 6 + ? = 10
                10 – 6 = 4

2 Ergänze die fehlende Zahl.

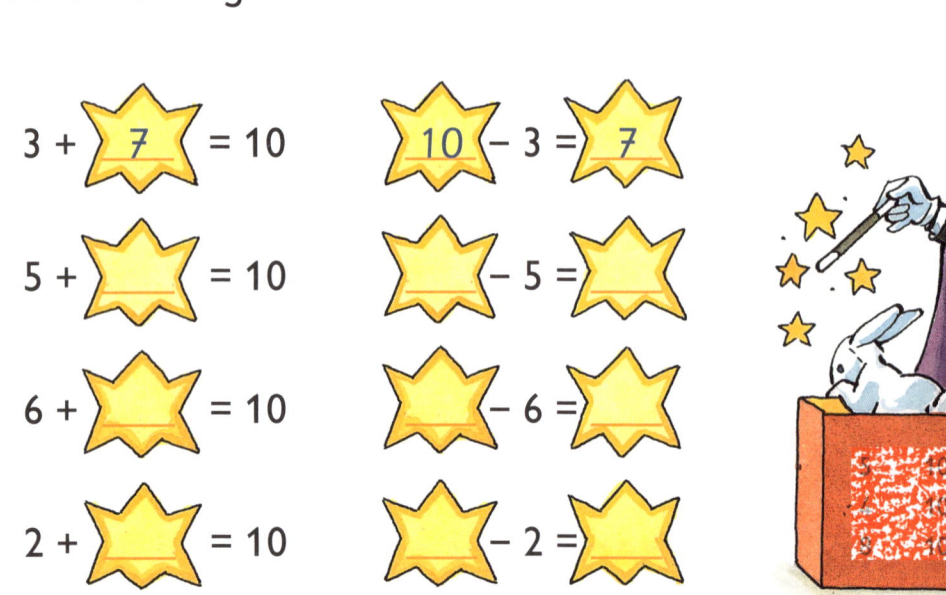

16 – ___ = 6

12 – ___ = 9

14 – ___ = 9

5 + ___ = 13

7 + ___ = 14

6 + ___ = 15

3 Rechne die Aufgaben und verbinde die Ergebnisse in der richtigen Reihenfolge.

8 + ____ = 12

4 + ____ = 13

5 + ____ = 15

13 + ____ = 20

14 – ____ = 6

15 – ____ = 4

17 – ____ = 12

13 – ____ = 11

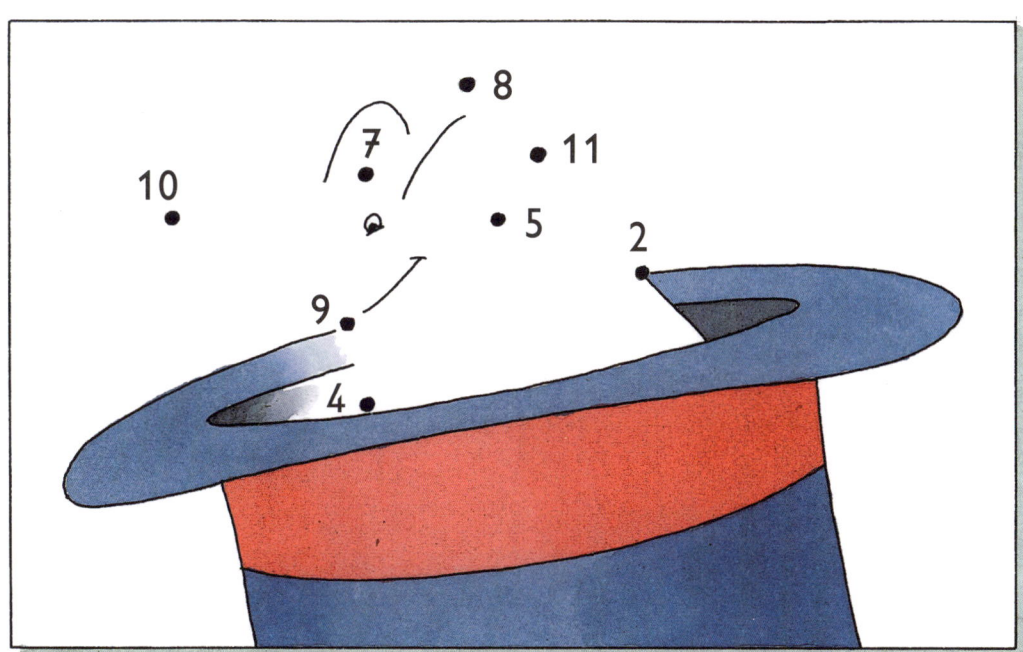

4 Am Anfang der Vorstellung bringt der Zauberer 5 Tauben mit. Am Ende fliegen aber 13 Vögel durch die Luft. Wie viele hat er dazugezaubert?

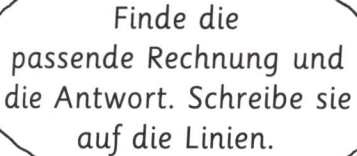

Finde die passende Rechnung und die Antwort. Schreibe sie auf die Linien.

Auf jeder Doppelseite (Seite 62–89) findest du eine kleine braune Lupe. Darin steht jeweils eine Zahl.

- Schreibe die Zahlen nacheinander auf die Linien.
- Ersetze sie dann durch die Buchstaben, die auf dem Zettel versteckt sind: zum Beispiel 5 durch den Buchstaben A.
- Trage jeweils den passenden Buchstaben unter der Zahl ein. Wie heißt der Lösungssatz?

CODE

7 =	5 =
15 =	13 =
8 =	9 =
20 =	11 =
4 =	6 =
12 =	1 =
18 =	

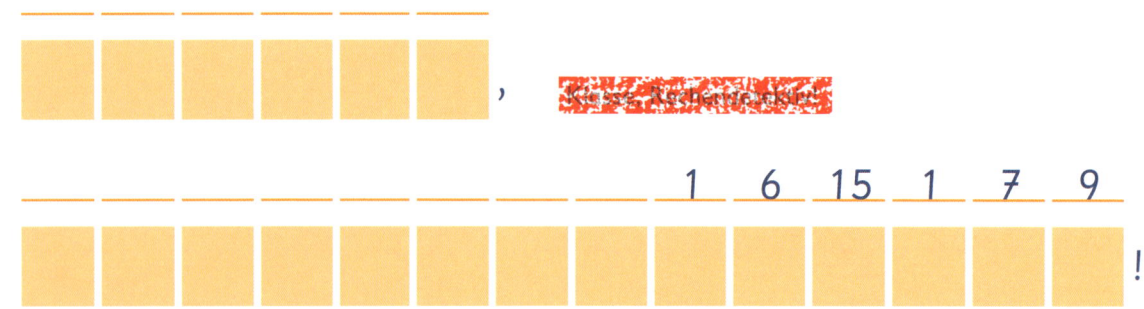

_ _ _ _ _ _

[ ][ ][ ][ ][ ][ ] ,

_ _ _ _ _ _ _ _ _ 1 6 15 1 7 9

[ ][ ][ ][ ][ ][ ][ ][ ][ ][ ][ ][ ][ ] !

Auftrag erledigt!

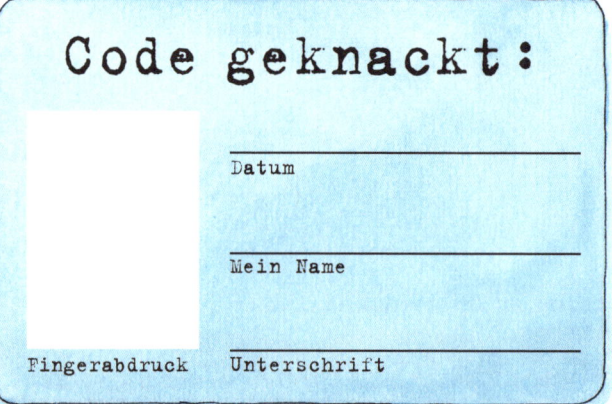

Code geknackt:

Datum

Mein Name

Fingerabdruck   Unterschrift

Rechnen bis 20

Auf Seite 119 findest du Aufgabenkarten zum Ausschneiden. Am besten bewahrst du sie in einem Briefumschlag auf.

1 a) Lisa und Selina sitzen auf der Bank.
Drei andere Kinder setzen sich zu ihnen.
Wie viele Kinder sitzen nun auf der Bank?

2 plus 3 gleich ?

$2 + 3 =$ _____

b) Verbinde jede Aufgabe mit dem passenden Bild.

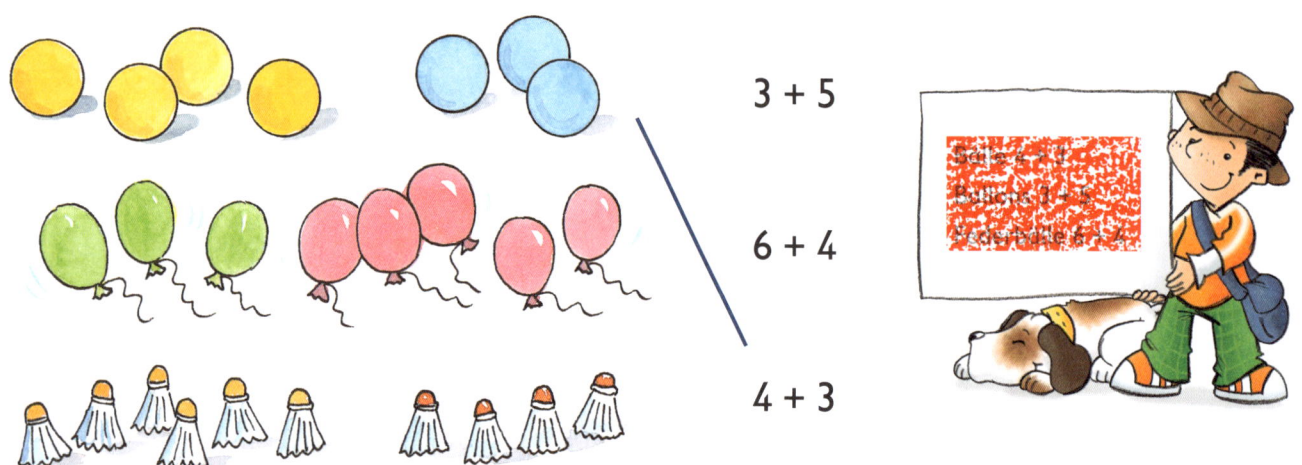

$3 + 5$

$6 + 4$

$4 + 3$

2 Ergänze die Aufgaben. Das Ergebnis steht im Dach.

7

$3 +$ _____

$5 +$ _____

$1 +$ _____

$4 +$ _____

9

$1 +$ _____

$4 +$ _____

$3 +$ _____

$8 +$ _____

3 Lea schenkt Peter verschiedene Murmeln.
Wie viele hat sie jetzt noch?

a) $6 - 3 =$ _____

b) $8 - 5 =$ _____

c) $10 - 4 =$ _____

Tipp Streiche die Murmeln durch, die Lea verschenkt. So kannst du herausfinden, wie viele Murmeln jeweils übrig bleiben.

4 Die Kinder tauschen in der Pause ihre Sticker.
Welcher hat das höchste Ergebnis? Kreise ein.

$5 - 3 =$ _____

$3 - 2 =$ _____

$9 - 5 =$ _____

$7 - 4 =$ _____

5 Male die fehlenden Punkte auf die Waggons.
Rechne anschließend die Aufgaben.

$2 + 3 +$ _____ $= 8$

$7 - 2 -$ _____ $= 3$

Der Zahlenraum bis 20

1 Kreise immer zehn Bananen ein.
Wie viele Bananen sind es?

Es sind insgesamt _____ Bananen.

Regel Zehn Einer kann man zu einem Zehner zusammenfassen (10 Einer = 1 Zehner).
Trage die Zehner immer in Spalte Z und die Einer in Spalte E der Stellenwerttafel ein.
Beispiel: 10 Bananen + 5 Bananen = 15 Bananen

Z	E
1	5

2 Trage die Anzahl jeweils in die Stellenwerttafel ein.

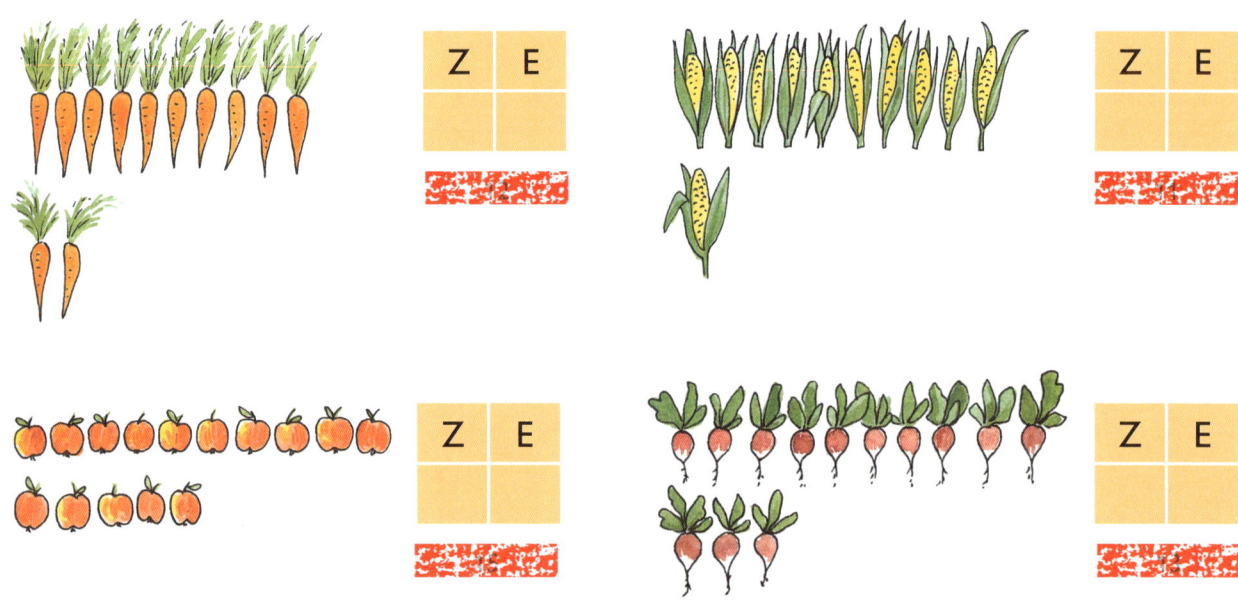

94

3 Kreise immer 10 Bonbons ein und schreibe die passende Rechenaufgabe.

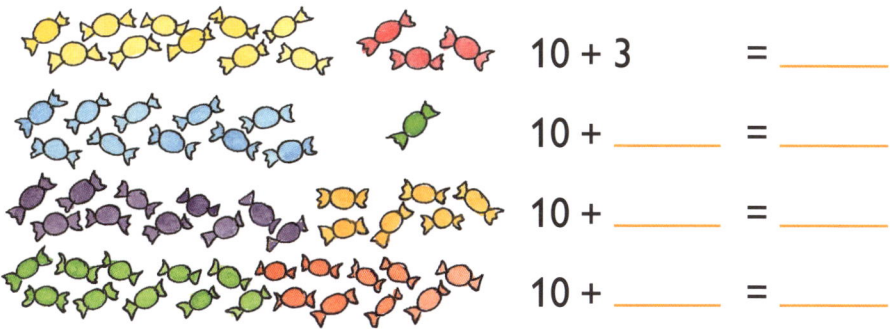

10 + 3   = _____

10 + _____ = _____

10 + _____ = _____

10 + _____ = _____

4 Verbinde die Zahlen von 1 bis 20 der Reihe nach.

5 Lara kauft ein Eisbären-Kuscheltier für 10 Euro, Zuckerwatte für 2 Euro und ein Tierspiel für 4 Euro. Wie viel zahlt sie insgesamt?

Ob mein Geld reicht?

10,-€

2,-€

4,-€

10 Euro + _____ Euro + _____ Euro = _____ Euro

Ordnen und vergleichen

1 Welche Zahlen fehlen? Trage sie ein.

1   3   4   5   6   8   10 11 12   14 15   19 20

2 Vergleiche die Anzahl der Spielgeräte.
Trage das passende Zeichen (>, < oder =)
in die Kästchen ein.

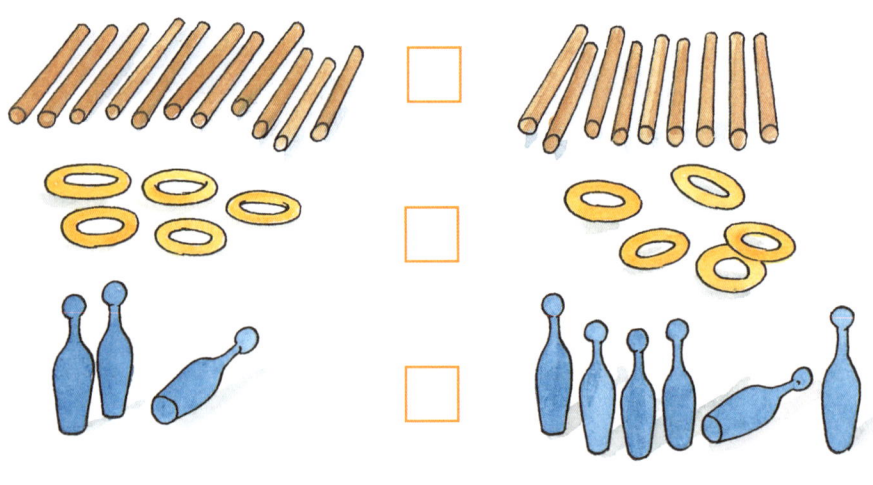

Tipp Mit diesen Zeichen kannst
du Dinge miteinander vergleichen:

    <   =   >

kleiner als   gleich   größer als

3 Ergänze die fehlenden Startnummern.

Regel Jede Zahl hat einen Vorgänger und einen Nachfolger. Der Vorgänger steht vor einer Zahl, der Nachfolger steht dahinter:

Vorgänger		Nachfolger
16	17	18

4 Karlo sagt: „Meine Zahl ist das Doppelte von dem Nachfolger von 7." Welcher Ball gehört zu Karlos Rätsel? Male ihn an.

1 Wie oft ist jedes Instrument zu hören?

a)  $11 + 9 =$ _____

b)  $15 + 3 =$ _____

c)  $17 + 2 =$ _____

d)  $12 + 3 =$ _____

Tipp Rechne zuerst die einfache Aufgabe.
Dann gehen die Plusaufgaben leichter.
Beispiel: $14 + 3 = 17$, denn $4 + 3 = 7$

2 Verbinde die leichte und die schwere Aufgabe.

2 + 6   3 + 6   14 + 3   12 + 6   4 + 3   13 + 6

3 Rechne aus und male die Ergebnisfelder an.
Welches Instrument entdeckst du?

12 + 6 = _____

17 + 3 = _____

14 + 5 = _____

13 + 4 = _____

11 + 7 = _____

14 + 3 = _____

12 + 7 = _____

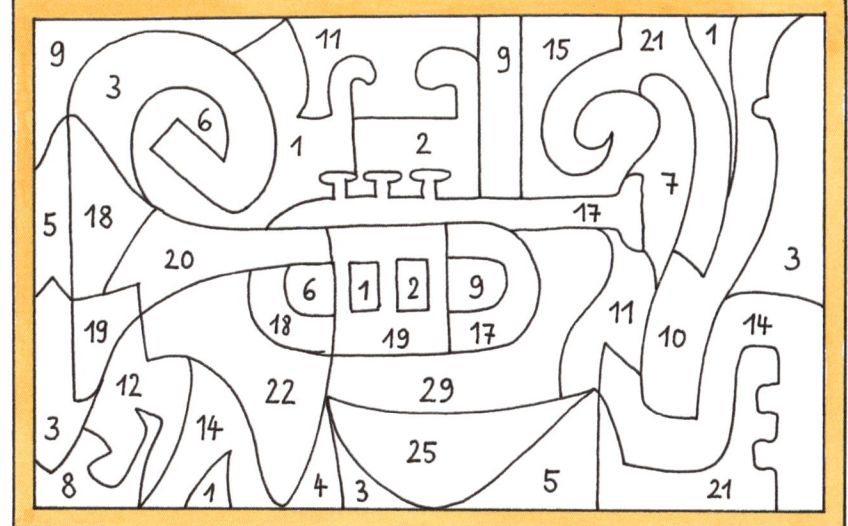

4 Ergänze immer auf 20.

5 Was hat Lara da wohl in ihrem Geschenk?
Rechne und ordne die Buchstaben zu.

11 + 4 + 2 = _____

15 + 3 + 1 = _____

16 + 1 + 3 = _____

14 + 2 + 2 = _____

12 + 3 + 1 = _____

☐ ☐ ☐ ☐ ☐

17 19 20 18 16

Minusaufgaben ohne Zehnerübergang

1 Es gibt 15 Sterne insgesamt.
4 Sterne hat Sophie schon ausgeschnitten.
Wie viele bleiben noch übrig?

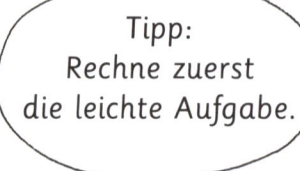

Tipp:
Rechne zuerst
die leichte Aufgabe.

5 − 4 = _____ , also 15 − 4 = _____

2 Rechne die Aufgaben.

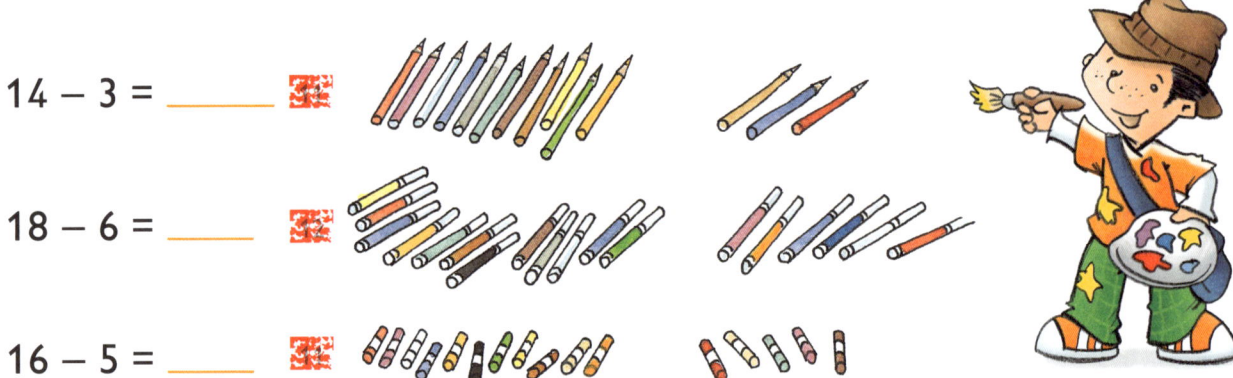

14 − 3 = _____

18 − 6 = _____

16 − 5 = _____

3 Welche Zahl gehört in das letzte Feld ganz rechts?

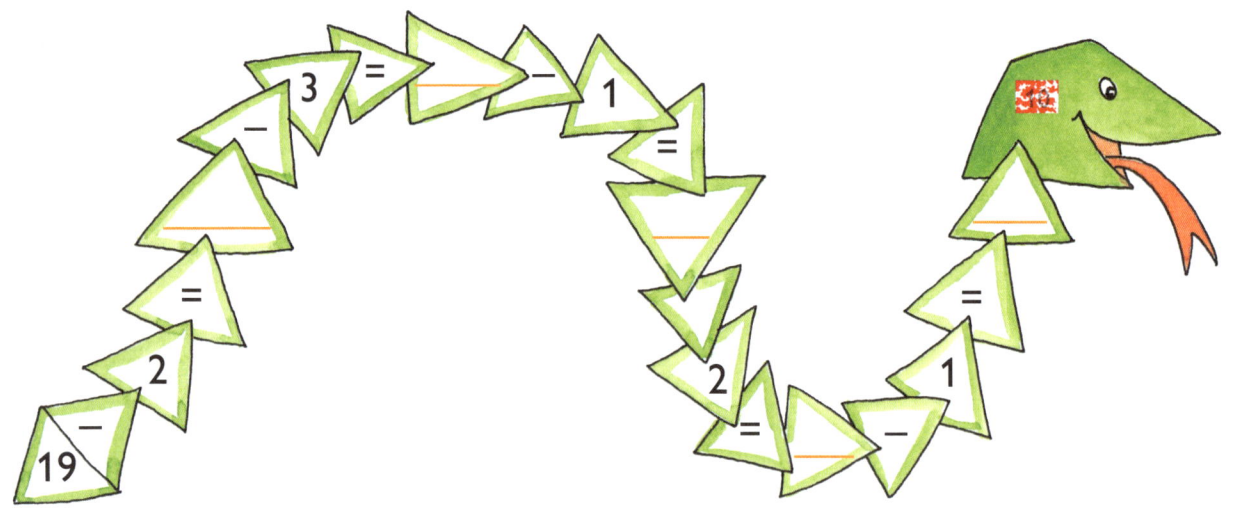

4 Male das Bild mit den richtigen Farben an.

20 − 2 =

17 − 6 =

19 − 4 =

20 − 4 =

13 − 1 =

18 − 5 =

19 − 2 =

16 − 2 =

5 Rechne die Kettenaufgaben auf den Farbtöpfen.

16 − 3 − 3 = _____

19 − 5 − 2 = _____

17 − 2 − 4 = _____

Tipp Ziehe zunächst die erste Zahl ab.
Merke dir das Ergebnis und ziehe davon
die zweite Zahl ab.
Beispiel: 18 − 2 − 6 = 10
              18 − 2   = 16
              16 − 6   = 10

Der Zehnerübergang

1 Fülle den ersten Karton auf und male die übrigen Eier in den zweiten Karton.

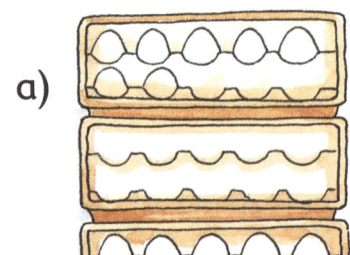

a) $7 + 7 = 14$

$7 + 3 + 4 = 14$

b) $8 + 6 = \underline{\hphantom{xxx}}$

$8 + \underline{\hphantom{xx}} + \underline{\hphantom{xx}} = \underline{\hphantom{xx}}$

c) $9 + 4 = \underline{\hphantom{xxx}}$

$9 + \underline{\hphantom{xx}} + \underline{\hphantom{xx}} = \underline{\hphantom{xx}}$

Tipp Ergänze zuerst zum vollen Zehner und zähle dann weiter:

$6 + 9 \hphantom{xx} = 15$
$6 + 4 + 5 = 15$

2 Wie viele Zutaten sind es in jeder Reihe? Ergänze immer erst auf den vollen Zehner.

 $3 + 7 + 2 = \underline{\hphantom{xxx}}$

 $9 + 1 + \underline{\hphantom{xx}} = \underline{\hphantom{xx}}$

 $5 + \underline{\hphantom{xx}} + \underline{\hphantom{xx}} = \underline{\hphantom{xx}}$

3 Lies den Tipp. Rechne dann hier genauso.

a) $14 - 7 =$ _____

$14 - \underline{4} - \underline{3} =$ _____

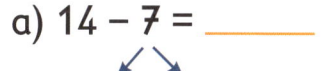

b) $11 - 9 =$ _____

$11 - $ _____ $- $ _____ $=$ _____

c) $17 - 8 =$ _____

$17 - $ _____ $- $ _____ $=$ _____

Tipp Gehe zurück zum vollen Zehner und ziehe dann den Rest ab.

Beispiel: $15 - 8 = 7$ $\qquad$ $15 - 5 - 3 = 7$

4 Konfetti nascht 4 Monde und 5 Sterne. Wie viele sind noch übrig? Schreibe eine passende Rechnung.

$13 - $ _____ $=$ _____ _____

1 Anton und Lilli dürfen nur auf die Steine hüpfen,
die drei Zahlen auseinanderliegen.
Verbinde die richtigen Steine.

2 Zähle jeweils die Zahlen auf den gelben und auf
den roten Blumen zusammen.

Tipp Ein Pfeilbild hilft dir beim Zehnerübergang:
Ergänze mit dem Pfeil nach unten zum vollen
Zehner und zähle dann mit dem Pfeil nach oben
den Rest der Zahl dazu.

Beispiel: 9 + 3 = 12

$$9 \xrightarrow{+3} 12$$
$$9 \xrightarrow{+1} 10 \xrightarrow{+2} 12$$

3 Wie viele Tiere siehst du jeweils in den Lupen?
Zähle und rechne.

5 + _____ = _____   _____ + _____ = _____

4 Verdopple die Dinge und male jeweils die gleiche
Anzahl dazu. Rechne anschließend die Aufgabe.

a)    5 + 5 = _____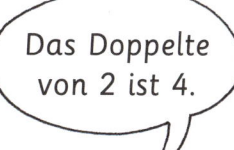

Das Doppelte
von 2 ist 4.

b)  7 + _____ = _____

c) _____ + _____ = _____

5 Kreuze an, von welchem Gemüse es am
meisten gibt.

a) ☐ Möhren   4 + 5 + 3 = _____

b) ☐ Kohl   6 + 3 + 4 = _____

c) ☐ Tomaten   2 + 7 + 4 = _____

d) ☐ Gurken   3 + 6 + 8 = _____

1 Wie viele Seiten hat jedes Buch?
Tipp: Achte auf den Zehnerübergang.

12 – 4 = ____

11 – 7 = ____

15 – 8 = ____

18 – 9 = ____

2 Rechne aus und kontrolliere deine Ergebnisse
mit der Umkehraufgabe.

11 – 6 = 5	5 + 6 = 11
14 – 8 = ____	____
16 – 9 = ____	____
12 – 4 = ____	____
17 – 8 = ____	____

Tipp Zu jeder Minusaufgabe gibt es
eine Umkehraufgabe. Wenn du sie bildest,
kannst du dein Ergebnis kontrollieren.

15 – 8 = 7 denn 7 + 8 = 15

3 Trage die Ergebnisse in die Rechentabelle ein.

−	8	9	10
17			
14			
11			

−	5	7	6
13			
15			
12			

4 Ergänze die Zahlen auf den Rechenmauern.

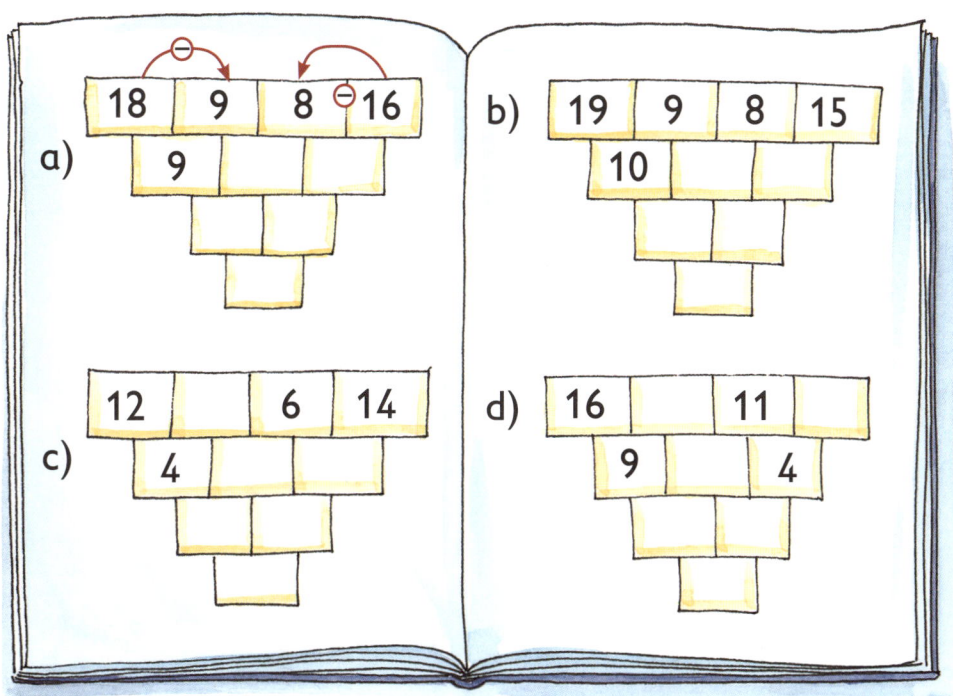

a)
| 18 | 9 | 8 | 16 |
| 9 | | | |

b)
| 19 | 9 | 8 | 15 |
| 10 | | | |

c)
| 12 | | 6 | 14 |
| 4 | | | |

d)
| 16 | | 11 | |
| 9 | | 4 | |

Ziehe immer die kleinere von der größeren Zahl ab.

5 Rechne aus. Die letzte Zahl verrät dir, wie viele Bücher der Bücherwurm schon angeknabbert hat.

$18 - 6 =$ _____ $- 4 =$ _____ $- 3 =$ _____ $- 3 =$ _____

Du brauchst:
- mindestens 2 Spieler
- für jeden Spieler 1 Spielfigur
- 1 Würfel
- Rechenkarten (auf Seite 119)

START

Das Spiel beginnt beim Startfeld.
Würfelt der Reihe nach und
fahrt mit eurer Spielfigur
entsprechend der gewürfelten Zahl
von Treppenstufe zu Treppenstufe.
Wer auf eine rote Stufe kommt,
zieht eine Rechenkarte.
Ist das Ergebnis richtig?
Dann darf die Aktion von
der Kartenrückseite
durchgeführt werden.
Sonst ist der nächste Spieler dran.

Aufgabenfamilien

1 Welche Aufgabenkärtchen gehören zusammen? Male sie in der gleichen Farbe an und rechne.

Das sind Tauschaufgaben.

4 + 8 =

8 + 4 =

7 + 9 =

8 + 5 =

5 + 8 =

9 + 7 =

Tipp Bei Plusaufgaben kannst du die Zahlen tauschen. Das Ergebnis bleibt gleich.

Beispiel: 4 + 8 = 12

8 + 4 = 12

2 Setze die Aufgabenketten wie im Beispiel fort.

Erkennst du die Nachbaraufgaben?

6 + 3 = 9

6 + 4 = ___

___ + 5 = ___

___ + 3 = 10

___ + 4 = 11

7 + ___ = ___

8 + 3 = ___

___ + 4 = ___

___ + ___ = ___

3 Verbinde die verwandten Aufgaben und rechne.

$7 + 2 =$ _____

$18 - 7 =$ _____

$8 - 7 =$ _____

$17 + 2 =$ _____

4 Schreibe mit den Zahlen auf dem Blatt
vier Aufgaben der Aufgabenfamilie auf.

5
8
13

3
9
12

$5 + 8 = 13$ _____

$8 + 5 = 13$ _____

$13 - 8 = 5$ _____

$13 - 5 = 8$ _____

5 Setze die Aufgaben wieder richtig zusammen.

_____

_____

_____

_____

Rechengeschichten

1 Trage die Anzahl der Dinge in die Kästchen ein.

☐    ☐

☐   ☐

2 Welche Frage kannst du beantworten? Kreuze an.

☐ Wie viele Einsätze hatte die Feuerwehr?

☐ Wie viele Helme hängen an der Garderobe?

☐ Wie viele Schläuche sind im Einsatzwagen?

3 Auf der Garderobe liegen 10 Helme,
4 Kinder dürfen einen Helm aufsetzen.
Welche der Rechnungen passt?

$5 + 4 =$ _____ $6 + 4 =$ _____ $10 - 4 =$ _____

$10 + 4 =$ _____ $8 - 4 =$ _____ $14 - 4 =$ _____

4

Auf der Feuerwache hängen 12 Helme.
6 Feuerwehrmänner müssen zum Einsatz
und setzen sich einen Helm auf.
Wie viele Helme hängen jetzt an der Garderobe?
3 Feuerwehrmänner bringen ihren Helm
zurück und hängen ihn wieder auf.
Schreibe die Rechenaufgaben auf.

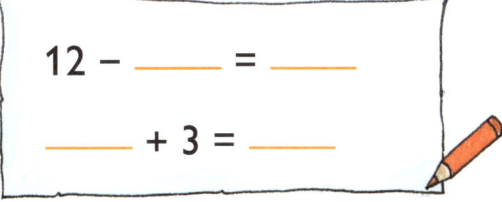

12 − ——— = ———

——— + 3 = ———

5

Rauchmelder im Haus sind wichtig.
Paul erzählt, seine Eltern haben **7** Stück
in der Wohnung und 5 im Keller aufgehängt.
Wie viele haben sie?
Trage das fehlende Rechenzeichen und
die fehlenden Zahlen ein.

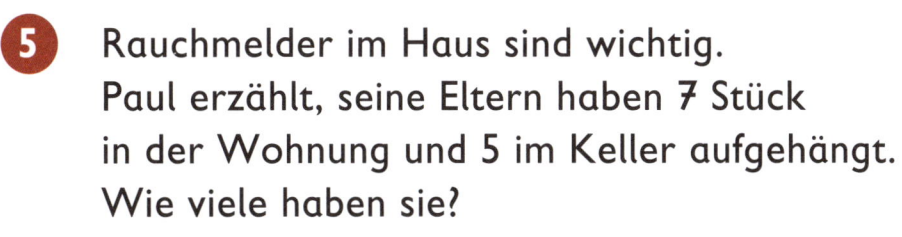

7 ☐ ——— = ———

6

Übersetze in Rechensprache.

8 Männer sitzen im Auto.
4 steigen aus.
4 sitzen noch im Auto.

—————— ——— —————— ——— ——————

1 Löse die Zahlenrätsel.

Meine Zahl ist halb so groß wie 18.

Meine Zahl liegt genau in der Mitte von 12 und 18.

Wenn ich von meiner Zahl 4 abziehe, erhalte ich 9.

Zahl: _____

Zahl: _____

Zahl: _____

2 Ergänze die fehlenden Zahlen.

Alle drei Seiten der Pyramide haben dasselbe Ergebnis.

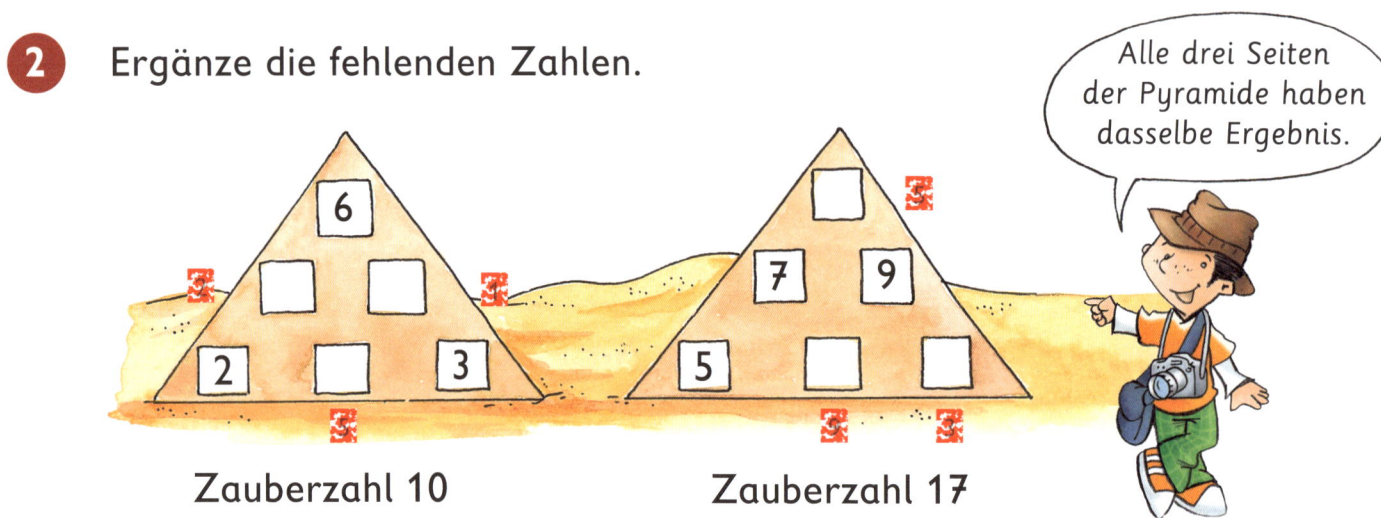

Zauberzahl 10

Zauberzahl 17

3 Finde die fehlenden Zahlen.
Tipp: Die Zahlen senkrecht ↓, waagrecht → und diagonal ↘ ergeben immer 15.

4 Gehe in 2er-Schritten durch das Labyrinth.
Welches Tier erwartet dich am Ausgang?

20   12   1

13

14

11

16

9   2

18   15   10

7

3

8

4

17   6

19   5

5 Kannst du das Rätsel des Pharaos lüften?
Lies genau und beantworte die Fragen.

„Heute habe ich 3 neue
Kamele bekommen.
Jetzt habe ich 3 Tiere mehr
als das Doppelte von 6."

a) Wie viele Kamele hat der Pharao jetzt? ☐

b) Wie viele Kamele hatte der Pharao zuvor? ☐

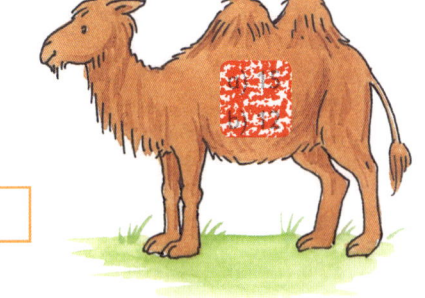

1 Zähle und erstelle eine Strichliste.
Trage dann die Zahlen in die Stellenwerttabelle ein.

		Z	E
		Z	E
		Z	E

2 Trage Vorgänger und Nachfolger ein.

3 Trage die fehlenden Zahlen ein.

116

4 Schreibe alle Aufgaben der Aufgabenfamilie auf.

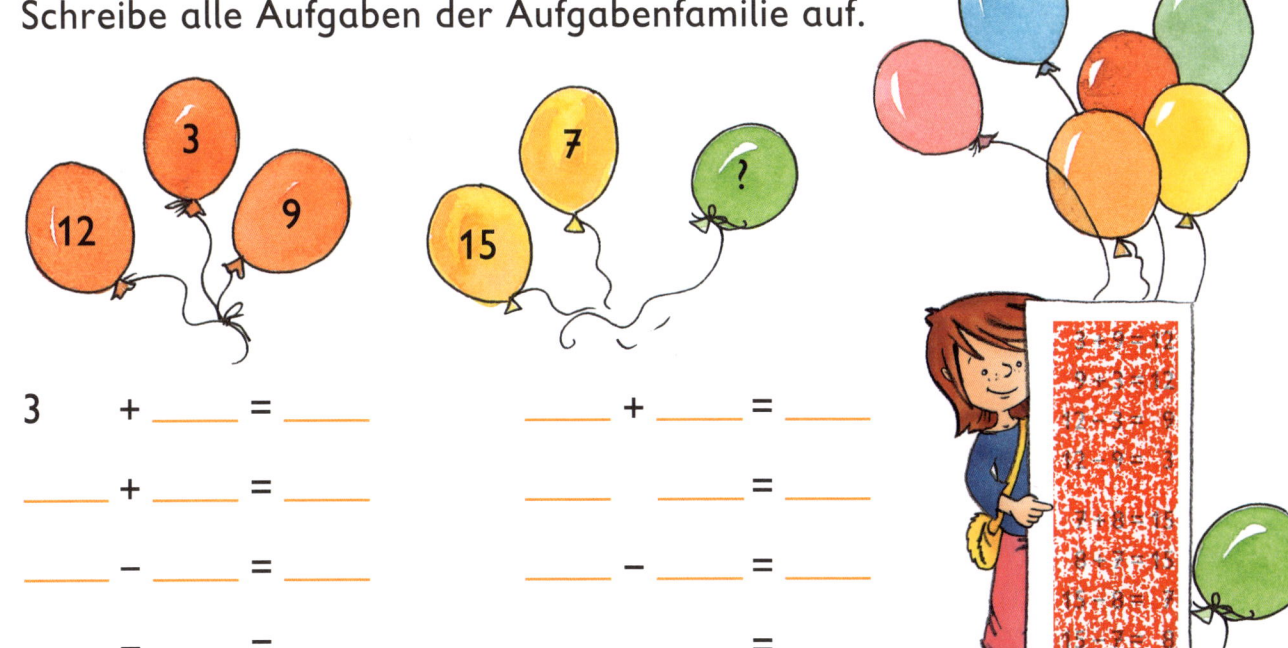

3 + _____ = _____   _____ + _____ = _____

_____ + _____ = _____   = _____

_____ − _____ = _____   _____ − _____ = _____

_____ − _____ = _____   = _____

5 Rechne und ergänze die fehlenden Zahlen.

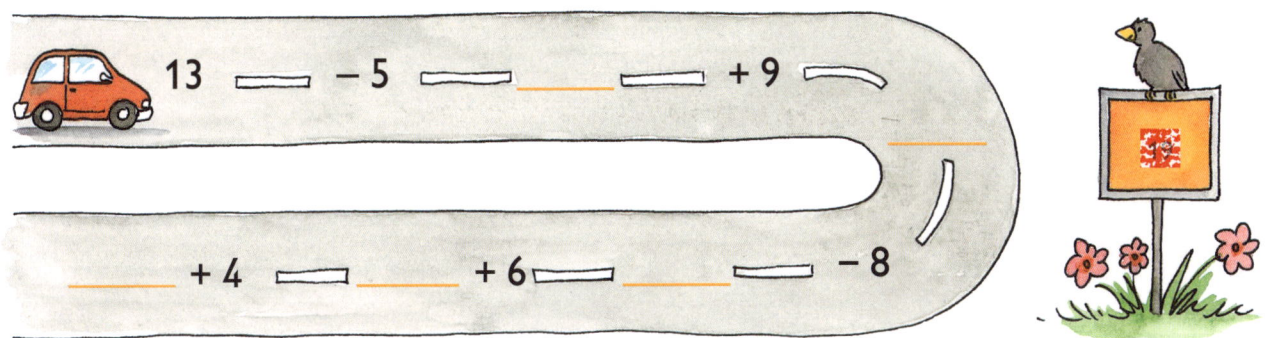

13 ⬜ − 5 ⬜ _____ ⬜ + 9 ⬜

_____

_____ + 4 ⬜ + 6 ⬜ _____ ⬜ − 8

6 Ergänze immer zur oberen Zahl. Verbinde dann
die Punkte in der Reihenfolge deiner Ergebnisse.

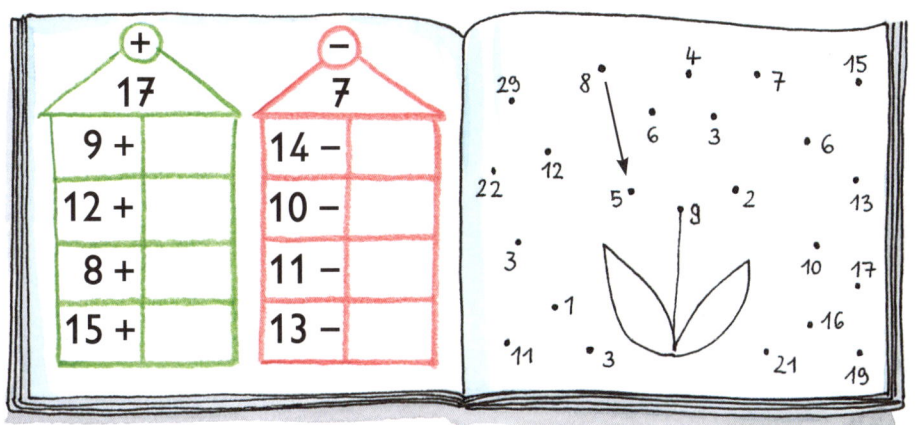

+
17
9 +
12 +
8 +
15 +

−
7
14 −
10 −
11 −
13 −

Knack den Code

Auf jeder Doppelseite (Seite 92 – 117) findest du eine kleine braune Lupe. Darin steht jeweils eine Zahl.

- Schreibe die Zahlen nacheinander auf die Linien.
- Ersetze sie dann durch die Buchstaben, die auf dem Zettel versteckt sind: zum Beispiel 13 durch den Buchstaben B.
- Trage jeweils den passenden Buchstaben unter der Zahl ein. Wie heißt der Lösungssatz?

CODE

7 =	🔲	2 =	🔲
4 =	🔲	8 =	🔲
13 =	🔲	10 =	🔲
1 =	🔲	12 =	🔲
6 =	🔲	9 =	🔲
3 =	🔲	11 =	🔲
5 =	🔲	14 =	🔲

7 ___ ___ ____ ____ ____ ____ ___ ___

___ ___ ___ ___ ___ 2 9 11 2 6 3 14 5 8

!

Auftrag erledigt!

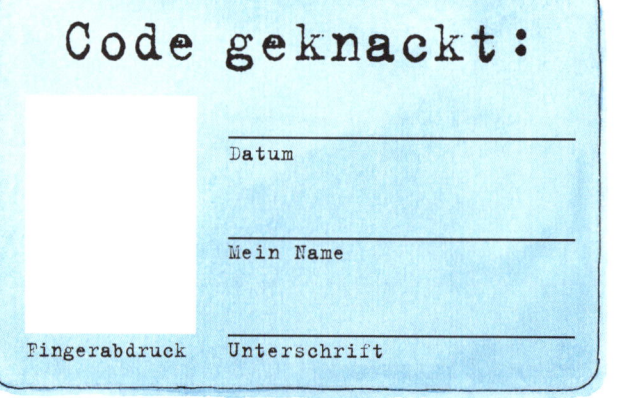

Code geknackt:

Datum

Mein Name

Fingerabdruck   Unterschrift

Aufgabenkarten

$5 + 6 = ?$	$11 - 9 = ?$	$12 + ? = 20$	$14 - 8 = ?$
$? - 5 = 7$	$19 - 7 = ?$	$6 + 4 + 3 = ?$	$17 + ? = 20$
$17 - ? = 9$	$9 + 4 = ?$	$14 - 5 = ?$	$2 + 6 + 5 = ?$
$16 - 6 - 2 = ?$	$14 + ? = 19$	$12 - ? = 3$	Das Doppelte von $7 = ?$
Das Doppelte von $6 = ?$	Die Hälfte von $8 = ?$	Die Hälfte von $12 = ?$	$13 - 3 - 3 = ?$

✓ Rücke 2 Felder vor.	✓ Rücke 1 Feld vor.	✓ Würfle noch einmal.	✓ Rücke 3 Felder vor.
✓ Würfle noch einmal.	✓ Rücke 4 Felder vor.	✓ Würfle noch einmal.	✓ Würfle noch einmal.
✓ Rücke 4 Felder vor.	✓ Rücke 2 Felder vor.	✓ Würfle noch einmal.	✓ Rücke 3 Felder vor.
✓ Rücke 1 Feld vor.	✓ Würfle noch einmal.	✓ Rücke 2 Felder vor.	✓ Würfle noch einmal.
✓ Rücke 1 Feld vor.	✓ Würfle noch einmal.	✓ Rücke 3 Felder vor.	✓ Rücke 4 Felder vor.